# 呪《のろ》われたナターシャ

## 現代ロシアにおける呪術の民族誌

藤原潤子

人文書院

美しい森のキノコ。
森に棲む精霊は、キノコに変身することができるといわれる。

長く厳しい冬に備えるための、
トマトの瓶詰め作り。

森でツルコケモモを
集める人びと。

上：復興途上の教会。教会では様々な呪術がひそかにおこなわれている。

中：村人の手で復興された村の礼拝堂。ここに置かれている聖像画は、ソ連時代に無神論者に破壊されないように、村人が隠し持っていたもの。

下：川沿いに並ぶ風呂小屋。風呂は呪術儀礼のおこなわれる場でもある。

春、白樺の幹に傷をつけ、樹液を集め、
ジュースとして飲む。

湖で洗濯と
皿洗いをする人。

井戸での水汲み。

カレリアの雪景色。湖には水の精霊が棲むといわれる。

窓についた雪の結晶。

港に並ぶ漁船。

もくじ

## 第一章　呪われたナターシャ――「体験」されてしまった呪術の物語……49



## 第二章　世代を超えて伝えられた秘儀……111

ロシア連邦カレリア共和国周辺

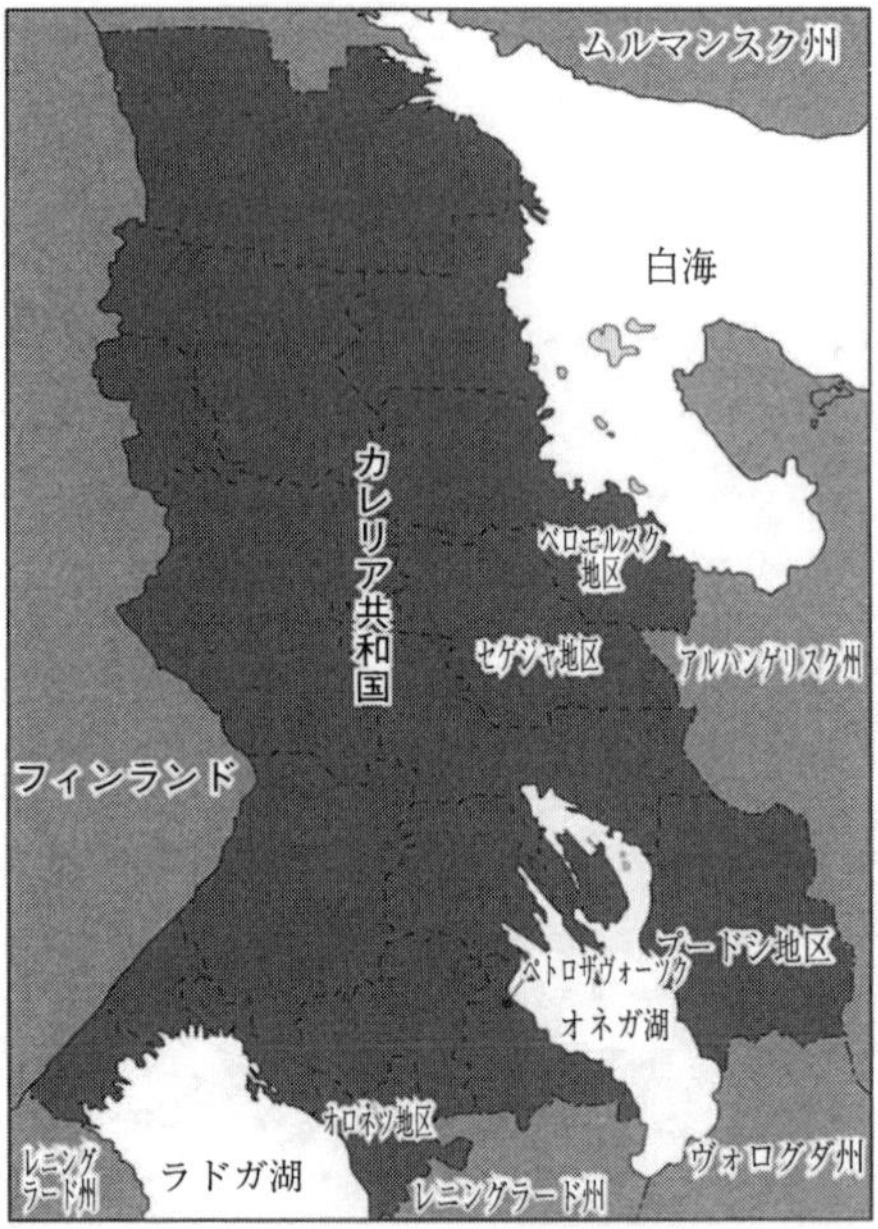


ロシア連邦

# 呪われたナターシャ　現代ロシアにおける呪術の民族誌

# 序章　呪術の「リアリティ」

## 1　呪術を信じはじめる人びと

私が初めてのフィールド調査のためにロシア連邦カレリア共和国に向かったのは、ソ連崩壊から十年を経た二〇〇二年の夏のことである。ロシアのいわゆる伝統的な世界観に興味をもっていた私は、その最もアルカイックな要素を伝えているとされる呪術に惹かれていた。事前に読んでいた社会主義革命前の民族学・口頭伝承資料には、不思議な話が満ち溢れていた。

カレリア共和国を含む北ロシア（ヨーロッパ・ロシア北部、あるいは北西ロシア）は一般に、ロシア民族の伝統文化の宝庫としてノスタルジックな響きをもって語られる地である。北ロシアを選んだのは、もしもわずかなりとも呪術的な伝統が残存しているとすれば、おそらくここであろうと考えたからである。ロシアではソ連時代、呪術の否定を含む無神論政策がおこなわれ、近代化が進められたため、呪術はもう日常からはほとんど姿を消しているだろう。しかし僻地の村で年寄りをさがせば、子ども時代に見聞きした呪術的慣習について聞けるかもしれない。その程度の期待で私は現地に向かった。

しかし、カレリアで調査協力者イリイチ（仮名）と顔を合わせた時から、調査は予想外の方向に進みはじめることになるのである。

　イリイチはロシア民族の物質文化、およびそれと関わる呪術信仰を専門とする四十代後半の男性民族学者で、ロシア科学アカデミー・カレリア支部に勤めている。フィールドは初めてだという私に、イリイチは調査にあたっての注意点を述べはじめた。

船で調査地に向かうイリイチ。

—呪術調査というのはモラルが大切だ。集めた資料をどうあつかうか、これはよく考えないといけない問題だ。

—どういうことですか？

—たとえば、悪い目的に使う呪術をフィールドで採集したとする。夫婦を別れさせる呪術とか。それを活字にしたらどうなると思う？　必ず悪用する人が出てくる。村中離婚になったりしたら大変だ。だから私は引用する時には、「どこどこには夫婦を別れさせる呪術がある」とだけ書いて、詳細は書かない。もし呪文を載せるとしても、一部変えて載せる。そうすれば力は失われるから心配ない。お前は日本語で書くんだろうけど、どうするかよく考えることだ。

—はぁ……。

そして、犬の毛と猫の毛を持って夫婦の間を通り、犬と猫のように仲たがいさせる呪術は、日本でも間違いなく効くと語った。さらにイリイチは言った。

—呪術調査はじつに危険な仕事だ。

—どうしてですか?

—強い呪術師に呪術をかけられることがあるからだ。七~八年前、アメリカ人女性研究者が調査に来たことがある。彼女は呪術師のところでノートをもらった。それでその後どうなったと思う?博士論文は書けなかったし、夫は殺されたし、二人めの夫はアル中になってしまった。人生めちゃくちゃだ。

—呪術師のノートのせいなんですか?

—そうだ。だからノートをあげようと言われても注意しないといけない。私は怖くて断ったこともある。

呪術師のノートには呪文が書きつけられている。そんな最高の資料を、民族学者が断ってもよいものなのだろうか。こうして大きなカルチャーショックを感じつつ、イリイチとの共同調査が始まった。

調査を始めてしばらくしてからのことである。私たちはある村で、非常に邪悪な呪術師についての情報を得た。私はもちろん、これはおもしろい資料になると思って、早速その呪術師のところへ話を聞きにいこうとした。しかし、村びととイリイチにひどく怒られてしまった。「お前はちっともわかってない!　行って呪《のろ》いをかけられたらどうするんだ?!」私は呪術師に会えないなら、せめてその家の外観だけでも記録しておきたいと思い、通りすがりに立ち止まって写真を撮った。するとその夜から、イリイチの持病の潰瘍がひどく痛みだした。彼は昼も夜も痛みにうめきつづけたのだが、これは私が立ち止まるべきでないところで立ち止まったせいで、ネガティヴなエネルギーを受けてしまったことが「原因」らしい。数日後、別の村の呪術師に良い呪文を教わったおかげで、潰瘍の痛みはおさまった。しかし、この件に関して私はかなり恨まれており、後々までことあるごとに、「お前があんなところで立ち止まるから……」と言われたものである。

私はイリイチに、あまりにも呪術を信じすぎている、研究者ならもっと客観的であるべきではないかと批判してみたりもした。しかし返ってきたのは、「なぜお前が呪術を信じないのか、まったく理解できない」という言葉だった。そして、自分がかつては熱心な共産党員だったこと、無神論プロパガンダ書を熱心に読み、レクチャーをおこなったことさえあること、呪術など迷信だと思ってまったく信じていなかったが、ある時試したら効いたことなどを話しはじめた。呪術が効くという「証拠」は山ほどあった。自分の考えた呪術で意地の悪い女性を良い人に変えたこと、友人の結婚式で呪術を使って新郎新婦を守ったこと、自分が採集した呪術を人に話したところ、その人が試しに使って大変な事態を招いたこと……。私は次第に、イリイチ自身を観察するのも悪くないかもしれないと考えはじめた。呪術を信じる元共産党員なんて、おもしろいではないか。こうしてイリイチは私にとって、フィールド調査の師であり共同研究者であると同時に、観察の対象ともなった。

イリイチのように呪術を信じはじめる人が出現する背景には、ソ連時代末期以降に生じた、呪術や宗教などへの興味の高まりがある。現在、街の本屋やキオスクには、生活のさまざまな場面で役に立つという実用呪術書が多数販売されている。いわゆるロシアの伝統につながる呪術のみならず、西洋の呪術、東洋やアフリカの呪術、超能力、ＵＦＯ、宇宙人など、オカルティズム一般への関心も高い。また、社会主義化以前に国教であったロシア正教会の復興が進むと同時に、西欧から入ったプロテスタント系の教会、「エホバの証人」や統一教会などのいわゆるセクトも活発に活動している。全ロシア世論調査センター（VTsIOM）が二〇〇八年にロシア全国でおこなったアンケート調査によると、神を信じると答えた者はロシア国民の七三パーセント、予兆を信じる者は一八パーセント、呪術を信じる者は七パーセント、あの世の存在を信じる者も七パーセント、ＵＦＯと宇宙人の存在を信じる者は六パーセントである。この結果は、「ロシア国民は神もＵＦＯも呪術も信じている」という見出しで報じられた(1)。

現代ロシアにおいて人びとが宗教やオカルトに傾倒する理由については、お決まりの説明文句がある。マルクス＝レーニン主義の権威崩壊後に生じた精神的空隙にこれらが入りこんだのだ、というものである。おそらくこの説明は間違ってはいないだろう。イリイチも確かに、「今、呪術を信じていること」と「かつて共産党員だったこと」を対比的に語っている。しかし、このお決まりの説明は十分なものとはいえない。いくらマルクス＝レーニン主義が崩壊したとはいえ、そこから人びとがいかにして呪術のような「迷信」に行き着くかが不明だからである。呪術の「リアリティ」をめぐって、現代ロシア社会にはどのような言説が準備されているのだろうか。それはいかに人びとを絡めとるのだろうか。本書の目的は、呪術をめぐる人びとの語りを通して、これを民族誌として描きだすことである。

## 2　ロシアの呪術

文化人類学において呪術とは、何らかの目的のために超自然的・神秘的な存在、あるいは霊力の助けを借りて様々な現象を起こさせようとする行為、および信仰・観念の体系である［吉田　一九九四：三五四］と定義される。ロシアでは愛の呪術、治療の呪術、農耕・狩猟・漁労などの生業に関わる呪術など、生活のあらゆる場面に関わる呪術が存在する。これらは物事をうまく運ぶためにおこなわれることもあれば、悪意をもって損なうためにおこなわれることもある。

呪術に対して、ロシアでは時代によって異なるまなざしが向けられてきた。本節では現代ロシアの呪術を論じるにあたっての前知識として、キリスト教との関係性およびロシア社会における呪術の「リアリティ」のあり方の変化について、過去の記述を参照しながら紹介し、そのうえで本書の位置づけをおこないたい。

### 呪術とキリスト教

まず、呪術とキリスト教（ロシア正教）の関係についてである。ロシアは古くは、大地の女神や雷神など、自然神を崇める多神教を国教としていた。しかし一〇世紀末、ビザンチン帝国からキリスト教を受容したのちは、キリスト教が国教の地位を占めるようになり、かつての信仰は軽蔑を込めて「異教（iazychestvo）」とよばれるようになった。キリスト教会は異教を駆逐しようと戦ったが、民間では両者の信仰が無意識的に混ざりあい、二重信仰という状況が生じた。機能的に類似しているキリ

スト教の聖人と異教の神々・精霊が混同され、キリスト教の名の下に異教的な信仰も生きのびたのである。(2)

この現象は、異教文化の一部である呪術でも起こった。ロシアの呪術において中心を成すのは呪文(zagovor)だが、これが正教会における祈り(molitva)と混同されることとなった。このような混同が生じたのは、正教の伝統において、特定の問題に関して特定の聖人に祈る習慣があることによる。例えばペストなどの疫病から逃れるために人びとは聖母マリアに祈り、歯痛の時は聖アントニーに、学業成就のために聖コシマと聖デミヤンに、頭痛の時には預言者ヨハネに祈った。また牛の守護については聖ヴァシーリーに、羊については聖アナスタシヤに、難産の際には聖アナスタシヤに、海で嵐に遭遇した時には奇跡者ニコライに、豊漁のために使徒ペトロに、旱魃の際には預言者エリヤに祈る習慣があった [Zabylin 1990 (1880): 273]。呪文と祈りは、何らかの願いをかなえるために唱えるという機能面において類似している。そのため、民間では両者の境界があいまいになり、キリスト教的モチーフをもつ呪文が多数生まれることとなった。呪文にキリスト教的な要素が含まれている場合、民間ではキリスト教会における祈りを指すのと同じ言葉でよばれることが少なくない。一方、正教会当局はこのような呪文の使用は認めておらず、非難を込めて「偽の祈り」とよんでいる。

異教の神々・精霊はキリスト教の聖人の名の下に生きのびた一方で、キリスト教的な視点によって悪魔の領域に放りこまれもした。異教の神々はイエス・キリストの「聖なる力」と対置され、「穢れた力」というレッテルを貼られた。本書ではキリスト教における悪魔、および没落した異教の神々・精霊の総称として、「魔物」の語をあてることとする。

呪術がなぜ作用するのかに関して、民間では、病気治療など人助けのためにおこなわれる白呪術はキリスト教の神の助けによって、人を害するような目的でおこなわれる黒呪術は魔物の力を借りて成就すると考えられることが多い。黒呪術が魔物とのつながりをもつ行為として恐れられるのに対し、白呪術は神と人との間を結ぶキリスト教的実践とみなされるのである。一方、正教会のオフィシャルな立場からは、白か黒かにかかわらず、すべての呪術は神に背く罪である。呪術はこのように、目的や立場によって、善悪正反対の評価がなされてきた。しかしいずれにせよ呪術は、世界を神と悪魔の対立としてとらえるキリスト教的世界像の中に納まっている。キリスト教受容以降、呪術はキリスト教的世界観の中に取りこまれ、その一部をなすようになったのである [Smilianskaia 2003 : 140]。

ロシアの呪文の基本的な構造については、W・ライアンがコンパクトにまとめているので [Ryan 1999 : 168-171]、それを参照しつつ紹介しておきたい。よくあるタイプとしては、まず神や聖人、自然(太陽、月、星、風、火など)、霊的存在(天使、魔物、人格化された病気など)、人(愛の呪文や相手を害する呪文などで)、呪術をかけられる物(武器やお守りなど)への呼びかけが最初にくる。次に、呪文を唱える者が呪術をかけるために、どこでどのような儀礼をしているのかについての描写がくる(例えば、立ち上がり、家を出て広い野原に出て東を向き、風に向かって呼びかけるなど)。次に願望が示されるが、その際、「炎が暖炉で燃えるように○○の心も愛に燃えよ」、「死人の歯が痛まないのと同じように○○の歯も痛むな」のように、類似性をもつものに言及しつつ語られることが多い。そして最後に、締めの文句が来る。これは「父と子と精霊の御名において、アーメン」のようなキリスト教の祈りが使われることもあれば、唱えた呪文が破られることのないように、呪文に「鍵をかける」ことを描写する文句が来ることもある。以上が呪文の基本構造だが、すべての呪文がすべての要素をこの順序で含んでいるわけではない。たとえば短い呪文の場合、願望の部分のみ、あるいは願望といくつかの要素を組み合わせたものになる。呪文を唱える際には言葉以外に、唱えられるべき時間、場所、おこなわれるべき所作なども重要である。

呪文を唱えるなどの呪術行為において重要な役割を果たすのが呪術師だが、ロシアではこれを指す語が多数存在する。「呪術をかける者」を意味する「コルドゥン／コルドゥーニヤ」[3]（前者が男性呪術師、後者が女性呪術師の場合。以下同様）、「物知り」を意味する「ヴェドゥン／ヴェージマ」[4]、同じく「物知り」を意味する「ズナハリ／ズナハルカ」[5]が主な呼称である。そのほかにも、呪術師のもつ特性にちなんだ呼び名が多数存在する。「呪文を唱える者」を意味する「ザゴヴォールシク／ザゴヴォールシツァ」[6]、「（呪文を）ささやく者」を意味する「シェプトゥーン／シェプトゥーニヤ」[7]、「黒い本（すなわち呪文が書かれたノート）を持つ者」を意味する「チェルノクニージニク／チェルノクニージニツァ」[8]、「奇跡を起こす者」を意味する「クデースニク／クデースニツァ」[9]、「魅惑する者」を意味する「チャロジェイ／チャロジェイカ」[10]、「呪術をかける者」を意味する「ヴォルシェーブニク／ヴォルシェーブニツァ」[11]などである。単に、「じいさん／ばあさん」[12]を意味する語でよばれることも多い。また最近では、「治療師」を意味する「ツェリーチェリ／ツェリーチェルニツァ」[13]という言葉も使われるようになっている。

これらの呼称はすべて同義語的に用いられることもあれば、神に仕える者か悪魔に仕える者かという観点から区別されることもある。各呼称に対するイメージは地域や時代のみならず、個人によっても異なるため、分類して厳密な定義づけをすることは事実上不可能である。また同一人物に関しても、自称か他称かで呼称は異なりうる。たとえば、本人はキリスト者としてある呼称を自称するにもかかわらず、周囲からは反キリスト者として別の呼称でよばれる、という現象が頻繁にみられる。呪術師とはそもそも、ときに善なるキリスト者として、時に魔物の手先として語られるアンビバレントな存在だからである。そのため、本書ではロシア語表記による煩雑さと意味の混乱を避けるために、基本的に上記で示したすべての単語に「呪術師」の訳語をあてることとしたい。

## 宗教的あるいは刑事的罪としての呪術——十七世紀まで

十七世紀以前のロシアにおいては、農民から貴族、皇帝、聖職者まで、あらゆる社会的階層において呪術の「リアリティ」が信じられていた。十七世紀以前に関しては、N・ガリコフスキーが文献研究［Gal'kovskii 2000 (1916): 207-256］をおこなっており、また日本では白石がすでに詳細に記述している［白石 一九九七］。そのため、本節ではこのふたりの記述を参照しつつ、可能な限り出典にもあたるかたちで、当時の呪術をめぐる状況を概観したい。ふたりが用いている主な出典は年代記（十一～十七世紀の編年体の歴史記述。おもに修道士によって、諸侯や皇帝の宮廷、修道院で編纂された）、国家および教会の法令、呪術裁判記録、およびそれらを集成した資料集である。

十世紀末にキリスト教が国教となって以降、教会はキリスト教以前の異教（呪術を含む）との戦いを開始した。キリスト教受洗を敢行したヴラジーミル大公（在位九八〇—一〇一五年）は、呪術をおこなった者を裁く権限を教会に与えた［Golubinskii 1997 (1901-1904): I-I, 623-624; Gal'kovskii 2000 (1916): 229］。十一世紀の正教会府主教イオアン二世の出した規則では、呪術をおこなった者に対してはまず言葉で言い聞かせ、改心しない場合には厳罰に処すが、この者を殺したり不具にしたりすることは教会の教えに背くため、禁じるとある［Gal'kovskii 2000 (1916): 229］。しかし中世ロシアの民衆のあいだでは私刑が横行していた。人びとは呪術をおこなったと疑われる者を焼き殺したり、呪術師かどうかを占うために、手足を縛って水に投げこんだりした [Gal'kovskii 2000 (1916): 230-231]。

初期ロシア国家では世俗権力は呪術裁判には関わらなかった。しかし十五～十六世紀になると、権力を強化し、自らをキリスト教の守り手と位置づけるために、国家も呪術との戦いに参入するようになる。以後、呪術をおこなうことは宗教的な罪であると同時に、国家に対する罪ともみなされるようになった [Gal'kovskii 2000 (1916): 241-243]。国家の呪術への態度をはっきりと示したのが、一五五一年に皇帝イワン四世（雷帝。在位一五三三―八四）のイニシアチヴで国政改革の一環としておこなわれた、ロシア正教会主教会議の決議「百章《ストグラフ》」である。その第九三章では、すべての呪術行為は悪魔に仕えることであり、神はこれを禁じているとして、呪術師に頼ることを禁じている [Stoglav 1971 (1863): 264-267]。このイワン四世は、各地から多数の呪術師をモスクワの広場に集めて焼き殺したといわれる [Gal'kovskii 2000 (1916): 243-244]。またその後に帝位についた皇帝ボリス・ゴドゥノフ（在位一五九八―一六〇五）はすべての部下に、皇帝や家族に対して食べ物・飲み物・衣服その他を通じて呪《のろ》いをかけないこと、呪術師を使って悪事を働かないこと、足跡や風をつかった呪いをおこなわないこと、さらに以上のような行為がなされたと知った場合はただちに皇帝に報告することを誓わせた [Afanas'ev 1970 (1869): III, 620-621; Solov'ev 1960: IV, 352-353; Gal'kovskii 2000 (1916): 219-220]。それほどまでに、呪術は恐れられていたのである。

十七世紀に入っても呪術の「リアリティ」は衰えなかった。皇帝アレクセイ・ミハイロヴィチ（在位一六四五―七六）の時代の刑法では、男性が神の冒瀆、教会財産の窃盗、男色、呪術をおこなった場合は火刑、女性が先の三つの罪を犯した場合にはやはり火刑、呪術や殺人に関しては断頭刑と定められている [Kotoshikhin 2000(1906)140-141; コトシーヒン　二〇〇三（1980）: 二〇二; 白石　一九九七: 四七]。

また一六八二年にモスクワでスラヴ・ギリシャ・ラテン・アカデミーが設立された際には、皇帝フョードル三世（在位一六七六―八二）がここで呪術を教えることを厳しく禁じ、これに反した者は容赦なく火刑に処すとの旨を通達している［Afanas'ev 1970(1869)：III, 612；Gal'kovskii 2000（1916）：245-246］。十七世紀当時、皇族や貴族の周辺では、呪術の罪で裁かれて流刑、火刑、打ち首になったという例がいくつもみられる［Gal'kovskii 2000 (1916)：221-223, 244］。

十七世紀までのロシアでは以上のように、呪術の「リアリティ」は為政者にも信じられていた。またここでは割愛したが、一般民衆のあいだでも呪術は信じられ、呪術師に対する私刑がおこなわれていた［白石　一九九七：三二―二九］。悪意をもっておこなわれる呪術は、傷害や殺人に匹敵する罪であった。旱魃、不作、疫病、大火その他の様々な不幸が、呪術のせいとされた。

なお、ヨーロッパでは十五～十七世紀に集団ヒステリー的な社会現象として魔女狩りがおこなわれたことが知られているが、ロシアではこのような劇的な症状としては起きなかった。E・スミリャンスカヤはその理由として、ロシアのキリスト教神学では、悪魔に関する観念が西ヨーロッパほど詳細に発達しなかったことをあげている。また、呪術の嫌疑で裁判にかけられた者による「自白」も、ヨーロッパの場合とは異なり、魔女集会《サバト》や悪魔との性的関係といったモチーフはほとんどみられない［Smilianskaia 2003：87-88］。呪術の嫌疑をかけられた者の男女比もヨーロッパとは異なる。ヨーロッパでは全体として魔女裁判の被告のおよそ八〇パーセントが女性だったのに対し［スカールとカロウ　二〇〇四（2001）：四七］、十七世紀にモスクワの裁判所に上訴された九九人の裁判をあつかった資料によると、六対四で男性が上まわっていた［Zguta 1977：1196］。

## 「迷信」化しはじめる呪術――十八世紀

ロシアにおいて十八世紀は、ヨーロッパの思想や技術が積極的に取り入れられた近代化・啓蒙の時代である。この時代については、五百を超える呪術裁判記録から考察を試みたE・スミリャンスカヤの研究を中心に紹介したい。

ピョートル大帝（在位一六八二―一七二五）が一七一六年に出した「軍律」には、兵士のうちで武器に呪術をかける者などがあれば、火刑その他の厳しい刑罰に処することが記されている。ピョートルは軍隊その他多くの面で近代化を進めた君主であったが、それでもなお、呪術で武器を不発にすることが可能だと信じていたことがうかがわれる［Afanas'ev 1970 (1869)：III, 655；Gal'kovskii 2000 (1916)：246］。しかし一七三一年にアンナ・イヴァノヴナ女帝（在位一七三〇―四〇）によって出された声明では、大きな変化がみられる。そこでは呪術が神に対する冒瀆であるという考えは引きつづき残っていたが、同時にペテンであるとも断定されている。すなわち、呪術は取るに足らない「迷信」であるとの観念がみられるのである。しかし呪術に関わったことによって受ける罰は相変わらず厳しいもので、呪術師も呪術師に頼った者も火刑に処すべしとされた。アンナ女帝の後のエリザヴェータ女帝（在位一七四一―六二）の時代も同様で、呪術師に対する裁判は引き続きおこなわれた［Smilianskaia 2003：189］。

その後一七六〇年代に入ると、呪術の使用に対して、鞭打ちや労働刑、修道院での懺悔など、比較的軽い罪が適用されるようになった。ただしこれはロシア中央でおこなわれる裁判に限ってのことである。地方の裁判では、十八世紀後半に入っても呪術で死刑に処せられることがあった。裁判所をとおさずに人びとが私刑をおこなう場合にも同様であった［Smilianskaia 2003：198-199］。

十八世紀はパラドクシカルな時代であった。呪術がリアルな効力をもつものではなく、「迷信」にすぎないという観念が社会の上層部には広まりつつあったが、呪術と関わった者に対しては、しばしば重い罪が課せられた。また裁く側の人間にもまだ、呪術を信じている者が少なくなかった。スミリャンスカヤはこのような特徴をあげつつ、十八世紀という時代を、新時代の合理的な考え方と伝統的な世界観が激しくぶつかりあったコンフリクトの時代と位置づけている［Smilianskaia 2003：195, 197, 199］。

## さらに「迷信」化してゆく呪術——十九～二十世紀初頭

呪術を取るに足らない「迷信」とみる傾向は、その後さらに強まる。十九～二十世紀初頭には、農村では呪術は相変わらず信じられていたが、インテリたちにとっては近代化を妨げる嘆かわしい無知蒙昧と化し、嘆きの対象となっていた。このことを端的に示しているのが、ロシア各地から寄せられた膨大な資料をもとに、民間における呪術的・宗教的病因論や治療法を集成した、Ｇ・ポポフ著『ロシアの民間医療』［Popov 1903］である。当時、近代的な医療教育を受けた者が農村へ派遣されるようになりつつあったが、そこで彼らが見たものは、衛生観念を知らず、黒呪術や神の怒りを病気の原因とみなす民衆の世界観であった。当時の民衆は、医者よりも呪文や呪薬での治療により大きな信頼を置くことが少なくなかった。ポポフは、こうした嘆かわしい「迷信」撲滅のためには、まず「迷信」という敵の全容を知るべきだと考え、この本を執筆したのである。

この時代、インテリのあいだには呪術に対して、さらに新たなまなざしが生まれることになる。個々の民族は独自の個性をもつとするドイツ・ロマンチズムの影響により、ロシア民衆の口頭伝承がロシア・スラヴ的なるものの宝庫としてインテリ層に「発見」され、一八四〇年代には民族学・口頭伝承学が学問として制度的に確立されるにいたった［坂内　一九九二：四二六］。これにともない、呪術もまた、ロシアの貴重な民族文化、失われつつある古き文化の残滓として記録・保存されるようになった。呪術についての最初のまとまった民族誌資料は、呪文、呪術的儀礼、占いなどが多数収められたI・サハロフの『ロシア民衆の呪術』（一八三六年）である。[14]その後、古文書や同時代のフィールド資料をもとに、呪文集や裁判記録集などが学術目的で次々と出版されるようになった［Maikov 1869；Zabylin 1990 (1880)；Novombergskii 1906；Vinogradov 1907–1909 など］。また呪術師や自然を司る精霊をめぐる不思議な話も収集され、それらが民衆のあいだでどのような存在として想像されているのかについても、生き生きとした記述がなされていった［Dal' 1996 (1845-1846)；Maksimov 1903 など］。当時の代表的な研究として、ロシアを含むスラヴ人の神話的自然観の観点から呪術師を論じたA・アファナシエフの著作［Afanas'ev 1970 (1865-1869)：III, 422-595］、呪文の形態やモチーフ比較から呪文の起源をさぐろうとしたN・ポズナンスキーの著作［Poznanskii 1995 (1917)］などもあげることができる。数ある口頭伝承のなかでも、呪術にまつわる伝承は文化的にとくに古層に位置するとみなされたため、ロシア文化の源を探る研究において重要視された。

十九世紀～二十世紀初頭の民族学・口頭伝承資料からは、農民など社会の下層部では、一七世紀以前同様、呪術のリアリティが強固に信じられていたことがうかがわれる。人びとは相変わらず黒呪術をあらゆる不幸の原因として強く恐れると同時に、病気治療をはじめとして生活のあらゆる場面で呪術に頼っていた。また農民たちはこの時代にいたってもなお、疑わしき者を自らの手で火刑に処したり、警察に突き出したりしていた。この頃には警察はすでに呪術を事件として取り合わず、逆に他人に呪術の嫌疑をかけて暴力を振るう者を裁くべきとの立場をとるようになっていた。しかし農民たちは、呪術師が警官に呪術をかけてまるめこんだに違いないなどと解釈したという［Maksimov 1903：138-140；白石　一九九七：一六八—一七〇］。

## 社会主義建設の障害としての呪術——ソ連時代

一九一七年、ロシアで社会主義革命が起こり、ソビエト政権が成立した。以後一九八〇年代半ばまで、ロシアでは無神論が公式イデオロギーとなる。無神論あるいは科学的無神論とは、神および霊的なる存在すべてを否定し（呪術の否定も含む）、科学的世界観の獲得をめざすものである。ソビエト政権にとって、呪術は社会主義建設を妨げる障害であった。一九九一年まで続くソビエト時代は現在に直接つながる時代であるため、やや詳しく紹介しておきたい。

### 〈無神論政策の論理と実態〉

ソ連時代、呪術を含む宗教的なるものは、大きく分けて二つの観点から否定された。モラリティの観点からの否定と、リアリティの観点からの否定である。

まずモラリティの観点についてである。ソビエト政権は搾取や抑圧のない労働者の国家の建設を掲げていたが、その政策において宗教はつねに、搾取者の側に位置づけられた。革命の父レーニンにとって宗教とは、天国で報われるという望みで慰めながら、現世での従順と忍耐とを教えるものであった。宗教とは搾取階級が人民をごまかすのに都合の良い論理であり、搾取される人民がそれによって気を紛らわすアヘンのようなものである。宗教こそが「資本主義的奴隷制」を支え、人民による搾取階級との闘争を妨げている――こうレーニンは考えた［レーニン　一九五三―六八（1905）：一〇巻七〇―七四］。政権にとって呪術師もまた、ごまかしによって民衆から金をまきあげる不届き者であった。呪術・宗教は詐欺的行為であり、これを排して社会主義へ移行することこそが、全人類的なモラルの達成とみなされた。呪術・宗教への弾圧行為は、人民の社会的抑圧からの解放という名目で正当化された。

呪術・宗教はさらにリアリティの観点からも否定され、社会主義政権がめざす科学的世界観の対極として語られた。レーニンは「宗教的なごまかしとの闘争に科学を引き入れ」、「来世の生活への信仰から労働者を解放する」ことが必要であると述べる。彼は「宗教的信仰という無自覚、無知または蒙昧」に対して闘うことは全プロレタリア的問題であるとして、党として無神論教育をおこない、科学的世界観を宣伝していく決意を述べた［レーニン　一九五三―六八（1905）：一〇巻七〇―七四］。神の掟も呪術も存在せず、自然の掟のみが存在することを示すために、たとえば無神論プロパガンダ雑誌ではエネルギー保存の法則やダーウィンの進化論が紹介され、神が無から世界を創造したとする信仰、神がすべての人と動物を創造したとする信仰が揶揄された［Pinchuk and Filippov 1967：247, 252-253］。またソ連は一九六一年にガガーリンによる世界初の宇宙飛行を成し遂げたが、これも人間と科学の力を示す格好の素材として何度もとりあげられ、「宇宙飛行士は神を見たか？」というようなテーマの記事も書かれた［Kryvelev 1963：50-53］。

以上のように無神論政策は理念としては、搾取と迷信からの民衆の解放として語られた。しかし実際には、その動機は多分に政治的なものであり、時々の情勢によって一貫性を欠いた政策がおこなわれた。以下、当時の布告や命令書などを参照しつつ概観しておきたい。

無神論政策において最も激しい攻撃の対象となったのは、ロシア正教会である。それは正教会が革命前の政治体制の一部であり、古い体制を守ろうと革命に抵抗したからである［Shtrikker 1995：37］。ソビエト政権が新たな体制を確立するためには、既存の秩序、既存の精神的支柱を破壊する必要があった。革命後まもない一九一八年、その手始めとして政権は、教会の国家からの分離、学校教育の教会からの分離、出生・結婚登録手続きの教会から世俗権力への移管、財産を持つ権利の教会からの剝奪などを布告した［RPTsSV 1995 (1918)：I, 113-114］。教会財産接収にあたってレーニンは、今後長きにわたってソビエト政権に反抗する意思を失わせるために、抵抗する聖職者その他をなるべく多く逮捕し、射殺せよと命令している［RPTsSV 1995 (1922)：I, 155-156］。一九一八～二二年に裁判を経て射殺された教会関係者は八千人以上、裁判なしで射殺された者は一万五千人以上にのぼる［RPTsSV 1995 (1989)：II, 250-251］。レーニンの跡を継いだスターリンは、一九二〇～三〇年代に多数の聖職者を強制収容所送りにし、ほとんどの教会を破壊した［Shtrikker 1995：44, 50］。しかし第二次世界大戦中の一九四一年にドイツの攻撃を受けて国家が危機に瀕すると、スターリンは方向転換する。愛国心鼓舞のために正教会に協力を求めたのである［RPTsSV 1995 (1941)：I, 329］。多数の聖職者が釈放され、教会が息を吹きかえしていった。しかしスターリンの跡を継いだフルシチョフは、教会の復興が社会主義建設の脅威になるとみなし、一九五九年に迫害を再開した。結果、一九六四年までの間に一万五千近くの教区が消滅した［Shtrikker 1995：50-51］。一九六四年以降、フルシチョフ後のブレジネフ時代には、教会が破壊されることはなくなったが、教会としての登録を取り消すという方法により、一九六四～八二年の間に四千以上の教会が閉鎖された［Shtrikker 1995：52, 56］。

ソビエト国家による教会への暴力に対し、教会は当初、抵抗を試みていた。しかし一九二三年、正教会の最高指導者チーホン総主教が、逮捕と裁判を経てソビエト政権の前に屈服する。チーホンは、ソビエト政権に破門を宣告したこと、教会財産接収に際して抵抗を呼びかけたことなど、すべての反革命活動を悔いて釈放を請い、以後、政権に敵対しないことを最高裁に対して表明した［RPTsSV 1995 (1923): I, 223-224］。これ以降、正教会の指導者たちは、正教会を組織として生きながらえさせるために、国家に従順であろうとした。彼らは公の場で、ソビエト政権が神によってもたらされた政権であると認め［RPTsSV 1995 (1923): I, 233］、ソビエト市民として政権の発展を願う旨を述べた［RPTsSV 1995 (1927): I, 270］。また、ソビエト政権による宗教迫害は過去にも現在にもないとし［RPTsSV 1995 (1930): I, 313］、教会閉鎖は人びとがみずから望んでおこなっているものであると海外に向けて公言した［RPTsSV 1995 (1966): II, 73］。当時の正教会は、迫害の事実を語ることができないほど強く抑圧されていたのである。

こうした正教会への迫害は、次章以下で示すように、民間では呪術への迫害としても経験された。なぜなら呪術はキリスト教的要素を多分に含んでおり、民間ではキリスト教実践として呪術をおこなっている者が少なくなかったからである。無神論プロパガンダでは、宗教など呪術にすぎないとされ、キリスト教は呪術を同じ「迷信」カテゴリーに入れられたが、このことも両者を近づけることとなった。

〈教育、農業、医療と無神論政策〉

正教会に対しておこなわれた迫害により、ソビエト政権はしばしば、聖書で終末期に出現すると予言されているアンチキリストとみなされ、恐れられた。アンチキリストとはイエスが救世主であることを否定する者であり、悪魔が具現化した存在である。ソビエト政権は一九二〇年代末から三〇年代初めにかけて農業集団化を断行したが、その際には集団農場《コルホーズ》はアンチキリストの組織であり、入れば神への冒瀆になると噂された。集団農場に初めてトラクターが導入された際には、トラクターは悪魔の化身だと噂された。ソビエト時代初期、人びとの認識枠組みはキリスト教的世界観に強く支配されていた。

しかし政権は若い世代から徐々に、呪術・宗教を否定する無神論的世界観を浸透させていった。その際に重要な役割を果たしたのが学校教育である。革命前の学校では聖職者によって宗教教育がおこなわれていたが、ソ連の学校《シュコーラ》（日本の小中高校にあたる）では、教師は子どもたちを戦闘的無神論者として育てなければならないとされた［Pinchuk and Filippov 1967：199］。現在、中年・老年世代にインタヴューをおこなっていると、子供の頃に教師から神がいないことを習った、首に十字架を着けていたら教師に引きちぎられた、というような話が語られる。無神論教育は高等教育機関でも重視された。とくに、教育学・農学・医学専攻の学生に対しては「科学的無神論の基礎」とよばれる科目が必須科目となった［RPTsSV 1995 (1964)：II, 50］。

社会主義政権はさらに、共産主義教育・無神論教育のための年齢階梯組織も作りあげた。オクチャブリャータ（七～九歳）、ピオネール（九～十四歳）、コムソモール（十四～二十八歳）とよばれる組織がそれである。ソ連時代、これらの組織に所属して活動することは、ほとんどの青少年にとって当たり前の日常であった。ピオネールの子どもたちはトレードマークである赤いスカーフを誇らしげに着けて、「坊主を打倒しよう！」、「すべての神々を追い払おう！」などと元気に歌っていたという［Pinchuk and Filippov 1967：111］。以下に示す資料には、これらの組織のメンバーに期待されていたことが端的に示されている。一九二九年のピオネール大会によせて、無神論プロパガンディストから子どもたちに向けてなされた呼びかけである。

ピオネールよ！　僧侶と宗教的偏見のない体制、社会のための闘争にそなえよ！

ピオネールよ！　家庭や学校、ピオネール隊に存在する宗教、労働者や農民の間で信じられている宗教との戦いにそなえよ！

無神論者の子どもグループを結成せよ、大人になったら無神論者同盟に加入せよ。自らの無神論観を貫く勇気を持て。自らの無神論観を大人の前でも貫け、宗教ボケの人間に対しては目上であっても自らを貫け。〔……〕物質と人びとの関係として理解される世界のために、宗教や坊主のおとぎ話の居場所などない世界のために戦うのだ。坊主やその取り巻きが、蒙昧な人びとや子どもを脅すために語る地獄など恐れるな。自由な人間は、自らの人生を自らに必要なようにみずから創りあげるのだということを忘れるな。人類全体に必要な秩序を創りだすのだ。搾取者、被搾取者という階級の区別を撲滅し、貧困を撲滅し、戦争を撲滅するのだ。これらすべては、君の行く末に宗教が立ち塞がることのない時に達成されるのだということを忘れるな。［Iaroslavskii 1935 (1929)：23–24］

この呼びかけから、当時の青少年には無神論を学ぶのみならず、社会正義をかけた戦いとしてみずから先頭をきって行動することが期待されていたことがうかがわれる。彼らは教会の閉鎖などの実質的な反宗教活動にも動員された。このようなかたちで無神論教育が徐々に浸透した結果、呪術や神の力の「リアリティ」は、農村においても徐々に失われていった。現在、調査をおこなっていると、

「かつて私はピオネール（またはコムソモール）に入っていたから、呪術なんて信じていなかった」、「我々は皆、無神論者だった」などという語りを頻繁に耳にする。無神論イデオロギーの支配と無神論的実践により、「呪術は迷信である」ということは、多くの人びとにとって「常識」となっていったのである。

さて、無神論政策は教育のみならず、農業でも重視された。革命前およびソ連時代初期において、農業は「迷信」の支配下にあったからである。たとえば穀物の種まきについては、「早まきは聖エゴーリーの日から、通常のは聖ニコライの日から、遅まきは聖イワンから聖チーホンの日の間に」という具合に、当時、農業に関わるあらゆる仕事は教会暦に従っておこなわれていた。すべての実りは神の恩寵に、すべての不作は神の怒りによるものとされた［Moskalenko and Kvardakov 1980：302］。また、収穫を終えていない穀物の茎を結び、灰や墓土などをふりかけるという方法でおこなわれる不作の呪い《ザロム》が恐れられており、解除するためには司祭か呪術師の助けが必要だと信じられていた［Maksimov 1903：129-130］。さらに旱魃《かんばつ》や渇水は、自殺者・事故死者などの寿命を全うせずに死んだ者のせいだと信じられたため、人びとは旱魃のたびに、墓地からこのような死者の遺体を掘り返して、川や池、沼地などの水場に投げ入れたり、墓地にたっぷり水を注いだりした［Zelenin 1995（1916）：112-120］。畜産分野も同様に「迷信」に支配されており、呪文や儀礼による牛の治療、害獣からの守護などが盛んにおこなわれていた［Maksimov 1903：128-131；Maikov 1869：530-540］。

このような状況を改善するために、ソビエト政権は農業の近代化に努めた。社会主義思想に従って農業集団化が敢行され、作業の効率化のためにトラクターが導入された。各種教育機関でトラクター・コンバイン運転手の教育を受けた者は、一九六〇年には四七万九〇〇〇人、一九八五年には八六万四〇〇〇人輩出された［NKhSSSR70 1987：424］。また農業技師や獣医を育成し、農村に送りこむことにより、近代的な農業知識の普及がはかられた。大学で農学教育を受けた者は、一九四〇年には一万三〇〇人、一九六〇年には三万四七〇〇人、一九八五年には八万三四〇〇人輩出されている［NKhSSSR70 1987：554］。こうした努力の結果、一ヘクタールあたりの穀物収穫量は、革命直後の一九一八年には六〇〇キログラムだったが、一九四〇年には八六〇キロ、一九六〇年には一〇九〇キロ、一九八五年には一六二〇キロと大幅に増えた［NKhSSSR70 1987：210］。またミルクの生産量も一九一七年にくらべ、一九四〇年には一・二倍、一九六〇年には二倍、一九八五年には四・二倍に増加した。(15)

無神論政策は医療分野においても重視された。一九世紀末からソ連時代初期においては医療レベルは低く、新生児の二七～三〇パーセントが一歳未満で死亡していたといわれる（一九二〇年現在）［RSFSR 1920：86］。また医師は人口一万人あたり一・八人しかおらず（一九一三年現在）［60SZ 1977：103］、ロシアのヨーロッパ部における平均寿命はわずか三十二歳だった（一八九六／九七年現在）［SSSRTs1961 1962：371］。

呪術が医療の近代化を妨げる要因となっているとみたソビエト政権は、呪術師たちの治療の馬鹿馬鹿しさを強調するキャンペーンを巧みにおこなった。(16)当局はまた、医師免許を所持しない者が医療行為をおこなった場合、六カ月以下の禁固または五百ルーブル以下の罰金を科すとする刑法一八〇条［BSE 1949-60：IX, 243］を適用し、呪術治療をおこなっている者を逮捕した。逮捕に関しては断片的な情報しかないが、例えばカレリアでは次のようなことがあったという。ある女呪術師がびっこを装った警官に、親切心から治療の呪文を唱えてやった。すると警官から高額の罰金を請求され、泣く泣く牝牛を売って支払うはめになった。女呪術師は、「もしも誰かが死にかけていたとしても、もう絶対に助けたりはしない」と憤慨したという［Kurets 2000：4］。しかし逮捕をめぐる体験談では、逮捕した警察官や裁判官が、後でこっそり呪術治療を頼みにきたという話もしばしば聞かれる［Popovkina 2008：30, 52 など］。当局の命令に従って呪術を取り締まる者のなかにも、呪術を信じる者がいたのである。

医療の近代化のために呪術師への迫害と並んでおこなわれたのは、医師および准医師の養成と病床数の増加である。革命前にはそもそも医者へのアクセスが非常に困難であり、それが人びとを呪術治療へと向かわせる一因となっていた。しかしソ連時代に入ると当局の尽力により、人口一万人あたりの医師数は一九四〇年には八・二、一九六〇年には二〇・八、一九八五年には四五・一に［RSE 1994：160-161］、また人口一万人あたりの病床数は一九四〇年には四〇・二、一九六〇年には八〇・四、一九八五年には一二四・九と大幅に増えた［NKhSSSR70 1987：588］。

このような政策の結果、国民の健康状況は大幅に改善された。乳児死亡率（一〇〇〇出産あたりの一歳未満の乳児の死亡数）は、一九六〇年には三六・六、一九八五年には二〇・七にまで下がった［RSE 1994：52］(17)。革命前には三十二歳だった平均寿命は、一九二六／二七年に四十四歳(18)、一九五八／五九年には六十九歳(19)に達し［SSSRTs1961 1962：371］、以後一九八〇年代までほぼ同じ水準が維持された。こうしてソ連時代後期には、人びとは呪術よりも近代医療に圧倒的な信頼をおくようになった。一九四九年から六〇年にかけて出版された『ソビエト大事典』には、社会主義政権の視点からこの成果が誇らし気に語られている。それによると、革命以降、多くの国民が無料で近代医療サービスを受けられるようになったため、ソ連では呪術がその存在基盤を失ったが、資本主義ブルジョア社会においては、多くの労働者たちが医療サービスを受けることができないため、いまだに呪術師やペテン師が繁栄しているのである［BSE 1949-60：XVII, 135］。

以上のように、ロシアにおいて近代化は無神論イデオロギーに強く色づけられていた。無神論こそが人びとを幸福で豊かな生活へ導くと宣伝され、農業生産量の増加、無料医療の普及から宇宙飛行まで、ソ連時代におけるあらゆる成功は、科学知識と科学技術の勝利、無神論の勝利として称えられた［NR 1979：VI, 目次横；BSE 1949-60：XVII, 135］。この事実は、ソ連崩壊と無神論イデオロギーの崩壊にともなう人びとの反応と大きく関わってくることになるのだが、それについては次章以下で論じたい。

〈学術研究者の協力〉

ソ連時代、あらゆる分野の研究者が社会主義建設に動因されたが、民族学者・口頭伝承研究者も例外ではなかった。一九一七年の社会主義革命直後十年程度は、かつて同様に呪術に関する研究が自由におこなわれていた。しかし一九二九年にスターリンが政権を掌握し、農業集団化が始まった後に事態は変化する。これらの研究は政治に参与させられ、共産主義の理想についての効果的なアジテーションとプロパガンダの一部を成すようになったのである［Sokolov 1950（1938）：141］。

たとえば一九三二年に『ソビエト民族学』誌に公刊されたA・ゼルノヴァの論文からは、当時の研究が無神論プロパガンダに参与させられていた様子がよくわかる。以下は、「ドミトリエフスク地方における農耕・畜産関係の呪術についての資料」と題された論文の序文である。

現在、わが地方で繰り広げられている集団農場《コルホーズ》建設の時代において、農耕や畜産と関わるあらゆる儀礼が完全に消えようとしている。しかし、ドミトリエフスク地方の多くの場所で、まだ農耕・畜産関係の呪術が残っており、村の社会主義的改編や科学的な手法による農耕・畜産経営の障害となっている。よって激しい戦いを挑むべき迷信や伝統についての知識を無神論者の積極分子に与えるために、農耕・畜産儀礼に関する我々の資料の公刊が不可欠だと考える。[Zernova 1932：15]

ゼルノヴァ論文ではこのような前書きに続いて、農産物の豊穣のための呪術儀礼、家畜を病気や害獣から守るための呪術儀礼、家禽のための呪術儀礼、およびそれと関わる呪術師信仰、自然を支配する精霊たちについての信仰が三十頁以上にわたり記述されている。対象の記述方法自体は、革命前の学術書とさして変わったところはない。しかし序論で述べられているように、これらはすべて、呪術の撲滅を目指す無神論プロパガンディストの便宜のために提示されているのである。

民族学者や口頭伝承研究者は民衆文化の専門家であるがゆえに、民衆の教化に協力させられることとなった。彼らはフィールド調査先で、現地の共産党組織と共同で民衆に対する無神論プロパガンダをさせられたり [Samarin 1931：238]、口頭伝承の担い手と協力してソビエト政権を称える「口頭伝承」を創作する活動をさせられたりもした [Miller 1990]。一九三一年の研究者会議では、社会主義にふさわしい口頭伝承ジャンルと死滅の運命にあるジャンルについての議論が交わされた。そこでは、科学的世界観を志向する労働者の国ソビエトにおいて、革命歌、労働歌などの口頭伝承は発展させるべきものとされたのに対し、呪術は当然死滅の運命にあるものとみなされた [Sokolov 1931：92-94][20]。

ロシア呪術研究者のひとりL・ヴィノグラードヴァは、一九三〇年頃からペレストロイカによって規制の緩む一九八〇年代半ばまでの間、フィールドで採集された呪術資料の出版は事実上不可能であったと記している［Vinogradova 1994：7］。また呪術師の逮捕がおこなわれたことにより、フィールド調査による資料収集も困難だったといわれる。一九七二年、カレリア共和国で調査をおこなっていた民族学者が「呪文を唱える人はいないか」と村人に尋ねたところ、村人は「もし話したら明日にも逮捕されるんだろう」と言って、どうしても語ろうとしなかったという［Kurets 2000：4］。私が個人的に現地の研究者らに尋ねても、やはり一九八〇年代半ばまでは、呪術に関する自由な研究はまったく不可能であったという答えが返ってくる。

このような状況の中でわずかに可能だったのは、一九六〇年代以降に盛んになった儀礼・神話研究における呪術資料の利用である。この時期に儀礼・神話への興味が高まったのは、工業化・都市化が進んだ結果、失われゆく民族文化への関心が高まったこと、戦後復興がある程度完了して生活水準が改善された結果、精神文化への欲求が高まったこと、ソビエト体制の形骸化が進み、イデオロギーの活力が失われていく中でロシア・ナショナリズムが高揚しはじめたことなどと関係している[21]。この流れの中で、遠い昔に失われたロシア・スラヴの世界観を再構築する試みがさかんになり、資料のひとつとして、過去に収集された呪術資料も参照されたのである。呪術が資料として使われている研究をあげると、スラヴ民族およびバルト、バルカンの諸民族の口頭伝承を駆使して古代スラヴ神話の祖形の再構築を試みたV・イヴァノフらの研究［Ivanov and Toporov 1974］、口頭伝承をもとにロシアの神話的形象を描きだそうとしたE・ポメランツェヴァの研究［Pomerantseva 1975］、語彙に神話的情報が保存されるとして、語彙研究から北ロシアの神話的形象の源を明らかにしようとしたO・チェレパノヴァの研究［Cherepanova 1983］、家をめぐる神話的なコスモロジーを記述したA・バイブリンの研究［Baiburin 1983］などがある。

ソ連時代、呪術は社会主義の道を歩む「現在」、あるいは未来において達成されるべき輝かしい共産主義世界の反対項であった。呪術はいわば資本家に支配されていた自国の過去、あるいは宗教のような「迷信」に支配されている同時代の西欧キリスト教世界を表象しうるものであった。社会主義体制下で存在してはならないもの、あるいは存在するはずがないものであるがゆえに、呪術は積極的に否定されるか、あるいは過去のものとして記述されるしかなかったのである。

### 再活性化する呪術――ポスト社会主義時代

呪術・宗教をめぐる状況が変わったのは、一九八〇年代半ば以降のことである。一九八五年に最高指導者になったゴルバチョフは、当初はそれまでの指導者と変わらない無神論的な政策をおこなっていた。しかし、危機に瀕しているソビエト経済を立て直すために、西側の経済的援助が必要になり、そのためにソ連が宗教に対して寛容であることを印象づける必要にせまられた［Shtrikker 1995 : 70-72］。一九八八年、ゴルバチョフはロシア正教会首脳をクレムリンに招き、ソビエト政権下でおこなわれた教会弾圧を謝罪するとともに、「政教和解」を申し入れた。これは「真理の独占体制」としてのソビエト政権の終焉を予告する機会となり、きわめて重要な意義をもつものであった［廣岡 一九九七：一三〇］。そして同年六月、ロシア正教受洗千年祭の盛大な開催で正教会の復権が内外に示され、さらに一九九〇年には信仰の自由を保障する法律が施行された。こうした流れの中で、ロシア正教会はロシアの精神性のシンボル、ロシア再生のシンボルとして、またモラリティの源泉として、ふたたびゆるぎない地位を得ることとなった。現在、ソ連時代に破壊された教会が次々と再建され、新世代の聖職者が育っている。

こうして公式イデオロギーとしての無神論が崩壊したため、一九八〇年代半ば以降、呪術実践も再活性化しはじめた。この状況は次章以下で論じる本書全体のテーマであるため、ここではポスト社会主義時代におこなわれた学術研究を紹介するにとどめたい。

一九八〇年代半ば以降、学問は政治の道具であることをやめ、自由な資料収集・研究活動が可能になった。これにともない、ソ連時代に収集されながらも印刷されることのなかった呪術資料が数多く出版されるようになった。[22] なかでも圧倒的な量を誇るのがV・アニーキン編『ロシアの呪文とまじない――一九五三～一九九三年の口頭伝承調査資料』[Anikin 1998] である。モスクワ大学人文学部が四十年間にわたって北ロシアでおこなったフィールド調査をもとに出版されたもので、北ロシアの九つの州・共和国で採集された二四六四編の呪文が収められている。編者は前書きにおいて、ドグマ主義者からの非難を受ける可能性があったにもかかわらず、呪文を採集しつづけたことを述べている。このような資料からは、ソ連時代、当局によって反呪術・宗教政策がおこなわれはしたが、一部の人びとのあいだでは呪術知識が伝えられ、実践されつづけていたことがうかがわれる。

一九八〇年代半ば以降、革命前に出版されたのちに絶版となっていた呪術資料への興味も高まった。サハロフをはじめとして、本節であげた革命前の呪術関係資料の多くが再版されている。また、ソ連時代に書かれながらも出版することのできなかった研究論文も、後進研究者の手によって出版されている [たとえば Eleonskaia 1994；Toren 1996]。

ポスト社会主義時代には、新たな研究も次々と出版されている。十八世紀のロシアにおける呪術に関する研究 [Lavrov 2000；Smilianskaia 2003]、ロシアのデモノロジーとその源に関する研究 [Tolstoi 2003；Krinichnaia 2000-2001；Vinogradova 2000a]、呪文のモチーフ分類 [Kliaus 1997, 2000a]、呪文のモチーフ比較により各種呪文の起源を論じた研究［Toporkov 2005］、革命前の物質文化・家族儀礼にみられる呪術を描いた民族誌［Loginov 1993a, 1993b］、民間医療を素材としたロシアの伝統的な身体観に関する研究［Mazalova 2001］、オカルティックな観点からの呪術研究［Kharitonova 1995, 1999］などである。また呪術への関心の高まりを反映して、呪術的な「迷信」に関する一般向け辞典も出版されている［Novichkova 1995; Vlasova 1998］。

## 本書の位置づけ

ロシアにおいて呪術に対するまなざしは以上のように、宗教や政治との関係によって変化し、ときに激しい迫害がおこなわれてきた。それを経て現在、呪術研究は自由かつ活発におこなわれている。しかし、ロシアで今まさに実践されている呪術に関する研究は、じつは十分とはいえない。その理由はポスト社会主義という時代性と関係している。研究者たちは、かつて呪術・宗教文化に関する自由な研究を禁じられた、あるいはその撲滅に参与させられたという意味において、ソ連時代の政策による被害の当事者である。そのため、ソ連時代に破壊された「伝統」をサルベージして、次世代に伝えていくことを使命感としてもっている者が少なくない。そんな彼らにとって、ロシアの「本物の伝統」とは社会主義革命前の伝統である。ポスト社会主義時代に生じた新しい現象は、しばしば「本物の伝統」を歪める「偽物」とみなされてしまい、研究対象となりにくいのである(23)。しかし呪術を過去の残存としてのみならず、時代状況に応じて姿を変えつづけるものとしてとらえる視点も重要であろう。イギリスの文献学者W・ライアンが示したように［Ryan 1999］、現在ではいわゆるロシアの「伝統」とされている呪術文化も、外からの影響を受けつつ歴史的に形成されてきたものだからである。

本書は、本質主義的な研究動向の中で十分になされないままになっていた、ポスト社会主義時代の呪術の記述を試みるものである。

現代ロシアの呪術を記述するにあたって、本書では「ポスト社会主義人類学」とよばれる分野で培われた民族誌記述法を用いたい。社会主義崩体制壊後の旧ソ連・東欧圏を研究対象とするポスト社会主義人類学は、歴史家のように時間軸に応じて諸事実を秩序だって記述するのではなく、現代の日常生活世界を「社会主義以前の伝統」「社会主義」「その後の現在」という三つの歴史的位相が混在する空間として、すなわちこの三者が同時に「現存」する空間としてとらえる点に特徴がある［高倉 二〇〇八：一―六］。つまり本書では、現在でも参照されている革命前の呪術や、ソ連時代の呪術否定言説をも含めて構成されるものとして、現代ロシアの呪術をとらえるのである。

なお本書では、「本物の伝統」を捜し求めて研究をおこない、研究成果を民間に還元しようとする研究者たちの活動をも研究対象とする。これらもやはり、現代ロシアの呪術言説が作られるうえで重要な役割を果たしているからである。

## 3　文化人類学における先行研究

本書の課題は、文化人類学における呪術研究と関連している。以下ではこれを概観したうえで、本書を位置づけたい。

人類学における呪術研究のおもなフィールドとなってきたのは、非西欧世界である。ヨーロッパから遠く離れた「未開社会」の社会にみられる、「迷信」にしかみえない信仰の数々は、長らく文化人類学者の興味の的であった。彼らはそれを呪術とよび、呪術とは何なのか、なぜこのような非合理的な観念を信じることができるのかという問題が論じられた。それに関するいくつかの説明をあげてみると、呪術とは、間違った因果関係に陥ってはいるものの、彼らなりの「科学」であるという説明［タイラー　一九六二（1873）；フレイザー　一九五一（1890, 1925）：一巻五七―一二五］、呪術はそれが信じられる社会に生まれてくることによってこそ受け継がれる集合的な妄想であるという説明［モースとユベール　一九七三（1902-1903, 1968）：一四二、一四九―一五〇、二〇九；モースとユベール　一九八三（1906）：二一〇―二一二］、呪術は一切の疑念を排除するシステムをそなえた、循環論的観念の体系であるとする説明［エヴァンズ＝プリチャード　二〇〇〇（1937）：五四六―五四九］などがある。一方、呪術は信じられているというよりは不安解消という心理的な機能をもったものであるとする説明［デ・マリノフスキー　一九九七（1948）］、願望を表現する象徴表現であるとする説明［ビーティ　一九六八（1964）：二六四―二六五］、西洋的な枠組みで呪術を「迷信」とする見方自体を批判し、呪術とは西洋とは異なる現実・実存のあり方であるとする見解［デ・マルティーノ　一九八八（1948）］なども提出された。また、呪術師にみずから弟子入りすることによって、「我々」とは異なる現実のあり方を内側から鮮やかに描きだしたC・カスタネダの『呪術師と私』［カスタネダ　一九七四（1968）］のような著作も出ている。呪術は奇妙でエクゾチックであるがゆえに、信念の問題以外にも様々な観点から論じられ、多くの民族誌が書かれてきた。

その後、一九七〇年代に入って呪術研究はいったん下火になるが、一九八〇年代後半以降、ふたたび盛んになっている。アフリカをフィールドとするコマロフ夫妻を中心として、近代化、グローバル化によって消滅すると予想されていた呪術が、逆に活性化している事実が報告されるようになり、呪術を近代と対立するものではなく、近代の一部としてとらえる視点が提出されたのである。ここでは呪術活性化の理由として、地域経済が世界規模の資本主義経済に組みこまれたこと、株式などの投機に左右される資本主義経済のギャンブル的性格が現地の人びとにとって理解困難なものであるため、オカルティックな想像の余地を生みだすブラックボックスとなっていることが指摘されている［Comaroff and Comaroff 2001：5-7, 19-28］。例えば成功している企業家については、呪術で人間をゾンビに変えてタダでこきつかって儲けているのだ、というような噂が立つ［Comaroff and Comaroff 1999］。呪術と近代との関係性をめぐるこのような研究の流れを受けて、日本でも『呪術化するモダニティ』［阿部ほか二〇〇七］と題する論集が出版された。その中では、そもそもなぜ資本主義化その他の社会変動が、ほかでもない呪術という想像力に絡みとられるのかという問題提起もおこなわれ、呪術がまったく非現実的なファンタジーとしてではなく、我々が通常考えるような、現実的に可能なものと不可能なものの境界上に出現する想像力としてとらえなおされている［浜本　二〇〇七］。

以上、文化人類学における呪術研究を概観したが、これらの研究に共通しているのは、呪術の「リアリティ」がアプリオリに信じられている社会を対象としている点である。一九七〇年代までの研究のみならず、呪術と近代に関する研究でも、アプリオリに信じられている呪術的世界観に軸足があり、それを通じた近代経済システムについての解釈が描かれている。一方、呪術が「迷信」であることが常識とみなされるロシア社会をあつかう本書は、先の研究とは異なる出発点に立っている。そこで考察すべきは、先のモースらの言葉を借りていえば、呪術を信じるために必要とされる「集合的な妄想」がどう紡ぎだされうるのかという問題である。これはアフリカにおける近代との出会いとは逆向きの視点であり、近代的世界観の側に軸足を置いて呪術の再発見を語る人びとが描かれるのである。

こうした課題を遂行するうえで参考になるのが、現代西欧世界を舞台とした、J・ファヴレ＝サーダ［Favret=Saada 1980 (1977)］とT・ルーアマン［Luhrmann 1989］による呪術研究である。以下、この二つの民族誌を紹介したい。

ファヴレ＝サーダの民族誌は、西フランスの農村地帯ボカージュをフィールドとして、人びとがどのように呪術に「つかまる」のかを描いたものである。ここでは人びとは、呪術で不幸が起こるということなど、まったく信じていないと語る。呪術など子どもじみた馬鹿げた迷信であるとし、呪《のろ》いをかけられたと話すような人を蒙昧で遅れた人間として嘲笑する。医師も教師もまた、呪術など存在しないと語る。しかし、呪術が存在しないのは、呪術に「つかまる」までのことである。通常は、家畜や人の死、不妊、病気などの不幸は、一回限りの出来事として受けとめられる。しかし不幸が度重なる場合、すでに呪術に囚われた経験をもつ者が、出来事の異常性、すなわち度重なる不幸の原因が呪いによるものである可能性を指摘する。この宣告をきっかけとして、様々な出来事が想起され、孤立したものとして認識されていた出来事が結びつけられていく。こうして不幸な者は、自らを呪いの犠牲者と認識するようになる、すなわち呪術に「つかまる」。ファヴレ＝サーダはこのように、普段は社会の周辺部にひっそりと偏在しているが、度重なる不幸をきっかけとして徐々に立ちあがってくるものとして、呪術のコスモロジーを描いたのである。

もう一方のルーアマンは、教育程度の高いイギリスの中産階級の人びとが属する、ロンドンの魔女術グループをフィールドとして民族誌を書いている。ここでまず、魔女術について簡単に説明しておきたい（ヨーロッパの呪術師に関しては魔女という表記が一般的であるため、ここではその慣例に従うこととする）。現代の魔女術は、古代に存在したと信じられる自然崇拝のリバイバルであり、一九五〇年代以降、英米圏でニュー・エイジとよばれる新霊性運動とフェミニズムが結びつき、一種の新宗教運動として生じた［牟田　一九九七：三一八］。現在、魔女を名乗り、魔女集会《サバト》に赴き、裸で輪になってダンスをするなどの魔女実践をおこなっている人びとは、イギリスに数千人、北アメリカに一万人程度、そして世界中にさらに存在するといわれ［ラッセル　一九八七（1980）：二〇九―二一〇］、魔女術の実践手引書［ヴァリアンテ　一九九五（1978）；スターホーク　一九九四（1979）；バックランド　一九九五（1974）など］も多数出版されている。現代の魔女たちは、悪魔と契約して悪事をなすという中世の否定的な魔女観を廃し、魔女術を非常に肯定的にとらえなおしている。それは現代西欧社会へのアンチテーゼともいえるものである。魔女らの考えによると、魔女術は自然を支配や管理の対象とみるキリスト教とは異なり、自然との調和をはかるエコロジーの宗教である。また男性支配的でないという点においてもキリスト教とは異なり、自然を司る女神たち（あるいは複数の男性神と女性神）を称える、より自由な宗教である。現代の魔女たちは、現代社会に存在する様々な価値観・世界観の中から自らの意思で魔女術を選びとり、生き方（ウェイ・オブ・ライフ）としてそれを実践しているのである。(24)

ルーアマンはこのような現代の魔女たちが呪術儀礼の効果を信じていることを指摘し、彼らがどのように呪術を信じるようになるのかを明らかにしようとした。それによると、彼らは呪術を学び実践する過程で、どのような出来事が呪術が効いたことの証明となりうるのかなど、世界をこれまでとは別のやり方で見る方法を学ぶ。このプロセスをルーアマンは「解釈的漂流」――出来事の解釈の仕方、経験の理解の仕方、世界に対する反応の仕方がゆっくりとシフトすること――とよぶ。この変化の結果、魔女たちは、呪術の背景にある観念が客観的に真実であることを発見した、と感じるのである。ルーアマンはまた、新たな世界のイメージが作りあげられていく過程で、魔女たちが愛読するオカルト書や、子どもの頃から読んでいたファンタジーが大きな影響を及ぼすことも指摘している。

ファヴレ＝サーダとルーアマンの研究対象は大いに異なるが（一方は伝統的な農村共同体、他方は都市中産階級）、呪術をアプリオリに信じられるものでなく、ある種のプロセスを経て信じられるものとして描いている点において共通している。本書でもこの視点を共有し、呪術のコスモロジーがひらけていくプロセス、あるいはそのために社会の周辺に用意されているシステムを描く。それにあたってはファヴレ＝サーダにならい、共同体の中で密かに伝承されてきた信仰がどのように表出するのかに注目し、さらにルーアマンにならい、学びと実践によって獲得される呪術的世界観、および印刷物の影響にも注目したい。

ソ連時代に呪術への信を妨げてきたのは、「呪術・宗教＝前近代的＝資本主義的」、「科学＝近代的＝社会主義的」という認識枠組みであった。現在のロシアは、革命前の資本主義、ソ連時代の社会主義を経て、ふたたび資本主義体制下にある。呪術を信じるにあたって、先の枠組みはどう解釈しなおされるのだろうか。多分にアクロバティックにおこなわれる再解釈に注目しつつ、本書で示されるのは、呪術といういわゆる「迷信」の「迷信性」を内面化していた人でさえ、それを合理化しうるという事実である。どれほど不合理な命題であっても、それを信じたい、「論理的」に説明したいという欲求が生じれば、人間は合理化の手段を見いだしうる。本書を通じて、人間の認識がもつこのような脆弱性を、ささやかなりとも示すことができれば幸いである。

## 4　本書の構成

本書の出発点となるのは、北ロシアのカレリアに住む四十代半ばの女性ナターシャの語りである。彼女はかつて呪術など信じていなかったにもかかわらず、様々な体験を通じて、その「リアリティ」を確信するようになっていった人物である。現代ロシアにおいて、人はいかに「呪《のろ》われる」ことが可能なのだろうか、すなわち「呪われた」という主観にいたるには、いかなるプロセスが存在するのだろうか。次章以下では、これを明らかにすることを目指したい。

まず第一章ではナターシャの住むカレリア共和国を概観したうえで、呪われた人生についての彼女自身の語りを提示する。第二章ではカレリアとその周辺地域の、いわゆる伝統的な呪術師たちを事例として、呪術知識がいかに伝えられてきたのかを示す。第三章では、伝統的呪術師の発展形として超能力者の語りをとりあげ、呪術の「リアリティ」がいかに「科学」的に再構築されるのかを論じる。第四章では、ポスト社会主義時代における呪術知識の新たな存在形式としてマスメディア情報をとりあげ、それらが新たな呪術コミュニティーを形成しつつ、新たな「伝統」を生みだしていることを明らかにする。第五章では、民族学者の手による学術書が呪術実践の文脈で重要な役割を果たしていることを明らかにする。終章では議論を総括し、呪術など「迷信」だと考えるナターシャのような人物が呪術のコスモロジーに引きこまれうるメカニズムを明らかにする。

## 5 調査の概要と記述対象

本書の記述にあたっては、様々な「語り」が参照されることになる。一般に語りとは、一方で特定の状況、特定の具体的な語り手に結びついた反復不可能な一回性の出来事であるが、他方でその状況から離脱し、異なる語り手、異なる状況に反復的に移植されうるものであり、この語りが帰属するネットワーク的空間を言説空間とよぶことができる［浜本 二〇〇一：四三―四五］。本書で記述の対象とするのは、このような意味での言説空間、呪術に関するさまざまな語りが流通するネットワーク的空間である。

私は呪術に関する語りを収集するために、二〇〇二～二〇〇六年に断続的に計五回のフィールド調査をおこない、さらに文献調査をおこなった。調査地はロシア連邦カレリア共和国（首都ペトロザヴォーツクとその周辺、プードシ地区、ベロモルスク地区、セゲジャ地区、オロネツ地区）、アルハンゲリスク州オネガ地区、そしてロシア第二の都市ペテルブルグである。フィールド調査の大部分は、現地民族学者イリイチと共同でおこなった。調査地の公用語はロシア語であり、本稿に関わる調査はすべてロシア語でおこなっている。インタヴューに応じてくれた者の名前はプライバシー保護のため、すべて仮名である。また同様の理由により、居住地も伏せることとする。

調査はおもに、村や都市に短期滞在を繰りかえしてインタヴューするという形式でおこなった。人類学的調査では比較的小さなコミュニティに長期滞在するのが主流だが、それにならわなかったのには、時間的制約のほかにも理由がある。現代ロシアでは、地縁共同体のメンバーの中で呪術の「リアリティ」に同意する者はごく一部にすぎず、それゆえに一カ所長期滞在ではわずかな資料しか集めることができない。より多くの資料を集めるために、そしてより現実の呪術知識の流れに沿った観察をおこなうために、移動する必要があった。現在、呪術についての情報は村内やその周辺という小範囲にとどまるものではなく、むしろ外から大量に流れこんでくるところに特徴がある。何らかの災いに見舞われた人は、近所に住む呪術師のみならず、車や列車やバス、時には飛行機に乗って遥か遠くの村や街に出かけていったり、マスメディア情報を参照したりする。このような広がりをもつ呪術のあり方を捉えるためには、村、都市、マスメディアの三つのレベルを結ぶ情報の流れと、それぞれの場における語りに注目しなければならないのである。

本書で記述対象とする語りのネットワークは、エスニックな意味でのロシア人を中心とした、ロシア語によるコミュニケーション空間である。ただしこれは、つねに多様な情報が流れこむ開かれた空間として想定されている。例えば外国語で書かれたアフリカの呪術や仏教についての著作も、ロシア語に翻訳されることによって、このネットワークにつながりうる。また多民族国家であるロシアでは、異なる民族が交じりあって生活しているのは日常的なことであり、ロシア人以外の民族もこの空間に参入してくる。本書では例えば、ロシアでも占いや呪術の名手とみなされるジプシーや、先住民族であるカレリア人も登場する。こうした様々な絡み合いの中で生成されてゆく呪術の語りを描きたい。

# 第一章　呪《のろ》われたナターシャ
## ――「体験」されてしまった呪術の物語

　現代ロシアにおいて、呪術は一般に「迷信」とされている。しかしそう考える人でさえ、ときに呪術の「リアリティ」を語る言説に絡みとられてしまうことがある。このきっかけとなるのが「体験」である。「効いた」という体験があってはじめて、呪術は信じるに足るものとして立ちあらわれてくる。体験がなければ、呪術は信じるに足らない単なる「迷信」でありつづける。では体験はいかなるかたちで生じうるのだろうか。

　本章ではナターシャという名の四十代半ばのロシア人女性の語りを提示する。それは遠い昔、祖母の代に始まり、ナターシャに伝わり、さらにナターシャの子、孫にまで伝わっていこうとする呪《のろ》いの物話である。さまざまな不幸をとおして呪術のリアリティを「知った」彼女は、三時間にわたって涙ながらに自らの人生を語ってくれた。

　ナターシャの身にふりかかった不幸とその時々にとられた解決手段は、きわめて個人的な体験である。また、ナターシャの呪術への傾倒ぶりは極端でもある。しかし彼女の語りの随所から、ソ連時代およびポストソ連時代における、呪術をめぐる一般的な社会状況が垣間みえてくる。本章ではナターシャの生活世界を概観したうえで、現代ロシアの呪術を知るための出発点として、彼女の語りを提示したい。

## 1 ナターシャの生活世界——ロシア連邦カレリア共和国

ナターシャが暮らすのはロシア連邦北西部、フィンランドとの国境地帯に位置するカレリア共和国の首都ペトロザヴォーツクである。街の歴史は、十八世紀初頭にロシアの近代化を進めたピョートル大帝が、この地に製鉄所を作らせたことから始まる。二〇〇二年現在、人口は約二八万五〇〇〇人である。街の中心には官庁、銀行、郵便局、大学、図書館、各種商店などの主要な施設が集中しており、その外側には集合住宅が多数立ち並んでいる。通りの名前には、今でもレーニン通り、カール・マルクス通りなど、社会主義時代の名残を見ることができる。街の中心から五分も歩けば、広々としたオネガ湖のほとりに出る。レニングラード州、ヴォログダ州とも隣接するこの湖には、夏は多くの船が行き来する。

カレリア共和国はフィン・ウゴル系の先住民であるカレリア人の民族名を冠してはいるが、カレリア人は実は少数派である。二〇〇二年の国勢調査によると、共和国の人口は約七二万人で、うちロシア人が人口の大部分、七六・六パーセントを占めている。カレリア人の割合は九・二パーセント、次いで多いのがベラルーシ人五・三パーセント、ウクライナ人二・七パーセント、フィン人二・〇パーセント、ヴェプス人〇・七パーセント、その他三・六パーセントとなっており、百以上の民族が住む。カレリア共和国内には一部、カレリア人が多数派を占める地域があるが、呪術に関する本書の記述はロシア人が多数を占める地域に関するものである。

現在のカレリア共和国にあたる地域にロシア人を含むスラヴ系民族が流入しはじめたのは、紀元後の第一千年紀末のことである。その後、十二世紀にはノヴゴロド公国の一部になり、以後、時代によって形を変えつづけるロシア人の国家の一部でありつづけた。また、十三世紀にはロシア正教への集団洗礼がおこなわれ、以後、正教がこの地の伝統となった[1]。

カレリアは美しく豊かな自然で知られる。共和国の面積は日本の半分程度で、うち四九パーセント以上が森林（おもに針葉樹林）、二五パーセントが水域、二〇パーセントが沼地である。湖はカレリア全土で六万以上、川は二万七千以上にも及ぶ。なかでもラドガ湖とオネガ湖はヨーロッパ最大の湖である。豊かな自然環境に加え、歴史文化的資源にも恵まれているため、国内外から多くの観光客が訪れる。気候に関しては、一年のうちで最も温暖なのは七月で、日中の気温が三〇度を超える日もあるが、平均気温は一四〜一六度にとどまる。最も寒い一月の平均気温はマイナス一四〜一六度で、零下三〇度を下まわる日も少なくない[2]。

氷が張りはじめる頃。真冬になると，歩いて川を渡ることができる。

冬には野菜などの価格が倍以上に高騰するため、カレリアの人びとは春から秋にかけて、せっせと食料生産と備蓄にいそしむ。カレリアの人びとの春の挨拶は「ジャガイモ

トマトの瓶詰め作り。

の植え付けは終わった？」であり、秋の挨拶は「ジャガイモは収穫した？」である。ロシアの生活ではジャガイモはパンと並んで毎日の食卓に欠かせない。多くの家庭で自家消費用のジャガイモが自家栽培され、地下貯蔵庫に一年分蓄えられる。ジャガイモさえあれば、仮にパンを買うお金がなくとも、飢える心配はないのだ。また人びとは、自家消費用のトマト、キュウリその他、さまざまな野菜も栽培する。これらが栽培されるのは、村落部では家々の周囲の菜園である。カレリアでは都市居住者が人口の七五・五パーセントを占めるが[3]、彼らの多くも郊外に土地を持っており、夏の間はそこに建てた小屋で寝起きしながら、あるいは週末に通って畑仕事に精をだす。収穫物は主婦の手によって多数のビン詰めになり、貯蔵庫にずらりと並べられる。一家総出で森で集めたベリーやキノコも保存食になる。ブルーベリー、コケモモ、ツルコケモモなどはジャムやジュースとして、キノコは干したりマリネにしたりして保存される。村落部では男たちが湖や川に網をしかけて漁をおこなう。新鮮なスズキやカマスなどはカルパッチョのようにしたり、揚げたり煮たりして食べられ、余剰はやはり蓄えられる。保存のために、冷蔵庫とは別にフリーザーを持っている家庭も少なくない。湖に氷が張る頃には、フリーザーは満杯になる。春から秋までのあらゆる活動は、冬にお腹一杯で心安らかに暮らすためにある――そういってもよいほど、カレリアの人びとは季節ごとの自然の恵みを熱心に蓄えつづけるのである。

豊かな森林資源に恵まれたカレリアで最も重要な産業は、木材生産・加工である。製紙業もさかんで、ロシアの紙生産の二三パーセントを占める。(4) 天然資源にも恵まれており、鉄、チタン、ウラン、金、銀、雲母その他様々な資源が採掘されている。また機械工業、毛皮産業などもある。カレリアは地理的にヨーロッパに近いため、フィンランド、スウェーデン、ノルウェーをはじめとする国々との経済交流もさかんである。

川で獲った魚を網からはずす。

ソ連時代、これらの産業の主体となったのは国営企業であった。しかし一九九一年のソ連崩壊後、ロシアは市場経済化の道を歩むことになる。この変革はロシアの他の地域同様、カレリアでも多くの混乱と痛みをともなうものであった。まず雇用についてだが、ソ連時代は国営企業における完全雇用が実現され、労働は国民の権利であるとともに義務とされた。「半年間働かなければ刑務所行きだった」と人びとは語る。しかしソ連崩壊後、国営企業の民営化が進められた結果、かつては存在しなかった失業者が多数出現することになった。

価格に関しては、ソ連時代、価格は計画経済を実現するために中央が政策的に決定して長期固定したものだったため、物価変動は存在しなかった。とくに食料品や公共料金は非常に安く設定されており、国民はそれに慣れきっていた。しかし価格の自由化の結果、最大で前年比二五一〇パーセントに達するハイパーインフレ現象が発生することとなった。また未払いの連鎖（決済危機）が起こり、人びとは賃金や年金の未払い・遅延に苦しめられた。この間、多くの国民が現物支給された品を市場でみずから売るなど、困難な生活を余儀なくされたのである。一九九〇年代末には、ロシアのＧＤＰ（国内総生産）はソ連末期の六〇パーセントにまで落ちこんだ。しかし一九九八年の通貨金融危機で底を打ち、以後は世界的な石油価格の上昇という偶発的な要因もあって、ロシア経済は回復していった(5)。

私が調査をおこなった二〇〇二〜二〇〇六年のカレリアは、九〇年代に比べれば、ある程度経済的には安定した状況であった。しかしソ連時代を知る多くの人びとは、失業者が存在せず、物価が安定していた社会主義時代を懐かしんでいた。失業者があふれ、それにともないアルコール中毒が増加する現状については、「働かない自由」のある忌まわしい時代として、しばしば厭わしげに語られた。また経済的混乱にともなって治安が劇的に悪化したが、それもかつてを懐かしむ大きな要因となっていた。

## 2　ナターシャとの出会い

次に本章、そして本書の主人公となるナターシャの略歴を紹介したい。ナターシャは一九五六年にカレリア共和国プードシ地区のＡ村に生まれた。十五歳で専門学校に入学するためにカレリアの首都ペトロザヴォーツクに移り、十八歳で結婚している。その後、三人の子に恵まれたが、夫の浮気により四十歳の時に離婚した。インタヴュー当時ナターシャは四十六歳で、ペトロザヴォーツクの集合住宅団地に三人の子と一人の孫と一緒に住んでいた。ナターシャがこれまで経験した職業は保母と車掌で、現在は工場で働いている。

次に、ナターシャの語りに登場する故郷の村を紹介しておきたい。共和国南東部に位置するこの村（行政単位としての村）は、湖を囲むように点在する小さな村々（居住単位としての村）から成る。人口は二〇〇二年現在五六〇人で、主要産業は漁業である。村のおもな公共施設は、役場、郵便局、学校、郷土史博物館、ロシア正教会などである。商店が五軒あるが、これは小さな食料品店で、パン、野菜、ソーセージ類、乳製品、缶詰その他、必要最低限の品が売られているのみである。行政村の中心から外れた居住村ではそれさえなく、買い物は週に一、二度やってくる移動食料品販売車に限られる。村には電気は通っているが水道はなく、湖の水を運ぶ給水車が巡回している。点在する居住村間の移動手段は、夏は個人所有のモーターボートである。冬は湖が凍結し、トラックさえ湖上を走るようになる。湖に浮かぶ島の数は「一年の日の数ともう一つ」といわれているが、正確な数は誰にもわからないという。湖に浮かぶ島の大きさは様々で、二十歩で一周できそうな小さな島もある。そこに一本の白樺が立っているというような風景は、「湖に島あり、島には一本の樹があり……」、という言葉で始まるロシア

ナターシャの故郷の村。

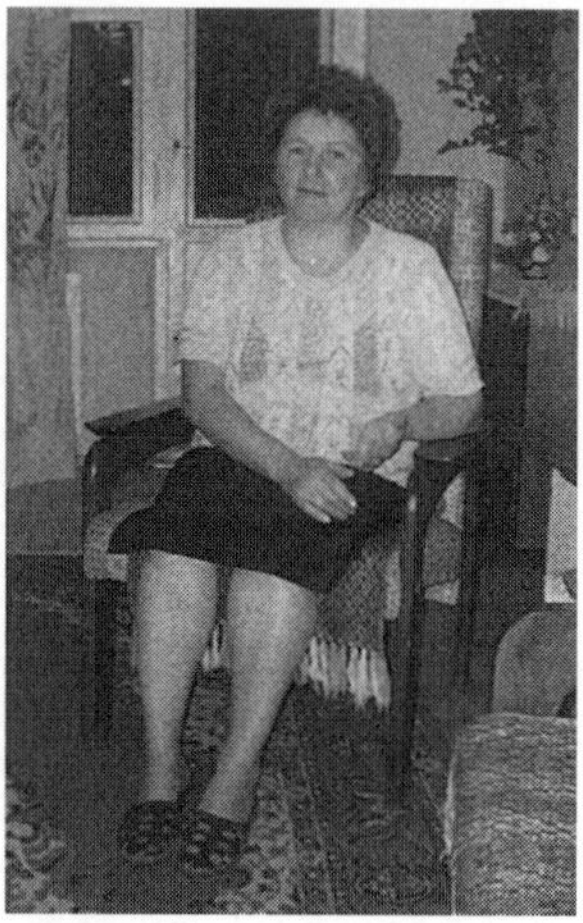

呪われた人生について語るナターシャ。ペトロザヴォーツクの自宅にて。

の呪文を想起させる。村と湖の周囲は深い針葉樹林に囲まれている。村には今も、ナターシャの両親と弟一家が住んでいる。

一九九一年以降、A村周辺は、湖とそこに注ぐ川の保護の目的で作られた国立公園の一部になった。私の共同研究者イリイチは、この国立公園の研究員を兼務しており、長らくこの地をおもなフィールドとしているため、調査の過程でナターシャの祖母（故人）や母親と知り合っていた。ナターシャの母親はその際、イリイチがさまざまな呪術師と交友関係をもち、多くの呪文を採集していることを知り、ナターシャに彼と連絡をとるよう勧めた。イリイチに相談すれば、ナターシャの不幸が解決できるのではないかと期待したのである。これが私たちとナターシャとの出会いにつながった。

私たちがペトロザヴォーツクのナターシャの家をはじめて訪ねたのは、二〇〇二年の夏の夜のことである。明るくおしゃべりで善意にあふれる女性というのが第一印象である。工場での仕事から帰ったばかりだという彼女は、私たちを迎え入れ、まず大切にしている聖像画を見せてくれた。聖母が幼いキリストを抱いている聖像画で、祖母がシベリアから持ち帰ったものだという。手早く夕食を済ませ、お茶を飲んだあと、ナターシャは自らの人生を語りはじめた。

## 3 ナターシャの語り

本節では、社会主義革命前にカレリアを含む北ロシアで採集された資料を参照しつつ、ナターシャの語りを提示したい。本書における「革命前」とは基本的に、呪術を含むフォークロア資料の採集が盛んにおこなわれるようになった一九世紀から二〇世紀初頭までをさすこととする。この時期は二重の意味で、現代ロシアの呪術とつながりをもっている。第一に、この時代の呪術信仰は現在にいたるまで、社会の周辺部に伝承されている。第二に、この時期は「本物の伝統」が生きていた時代として、現代ロシアにおける参照枠になっている。すなわち、人びとはソ連時代に失われた伝統を復興するために、しばしば革命前の民族誌資料を参照し、実践に取りこんでいる。ナターシャの体験もこれら両方の要素が含まれているため、革命前の資料は彼女の語りを理解するうえで役立つのである。

なお、ロシアの呪術は二つの層から成っている。①呪術師など特殊な能力をもった者でなければできない呪術と、②方法さえ知れば誰にでもできる呪術である。ナターシャの語りではこのどちらであるかは必ずしも明示されないが、呪術にはこのような内的分類があることを頭の隅において、読み進んでいただきたい。以下に示す語りは、彼女自身の語り口を残しつつ、順序の入れ替えなどの点で手を加えている。〔 〕は藤原による補足である（他の章においても同様）。

### 祖母の人生——呪《のろ》いの始まり

ナターシャの語りは祖母の話から始まった。ナターシャは、すべての不幸の根源は祖母の代にある

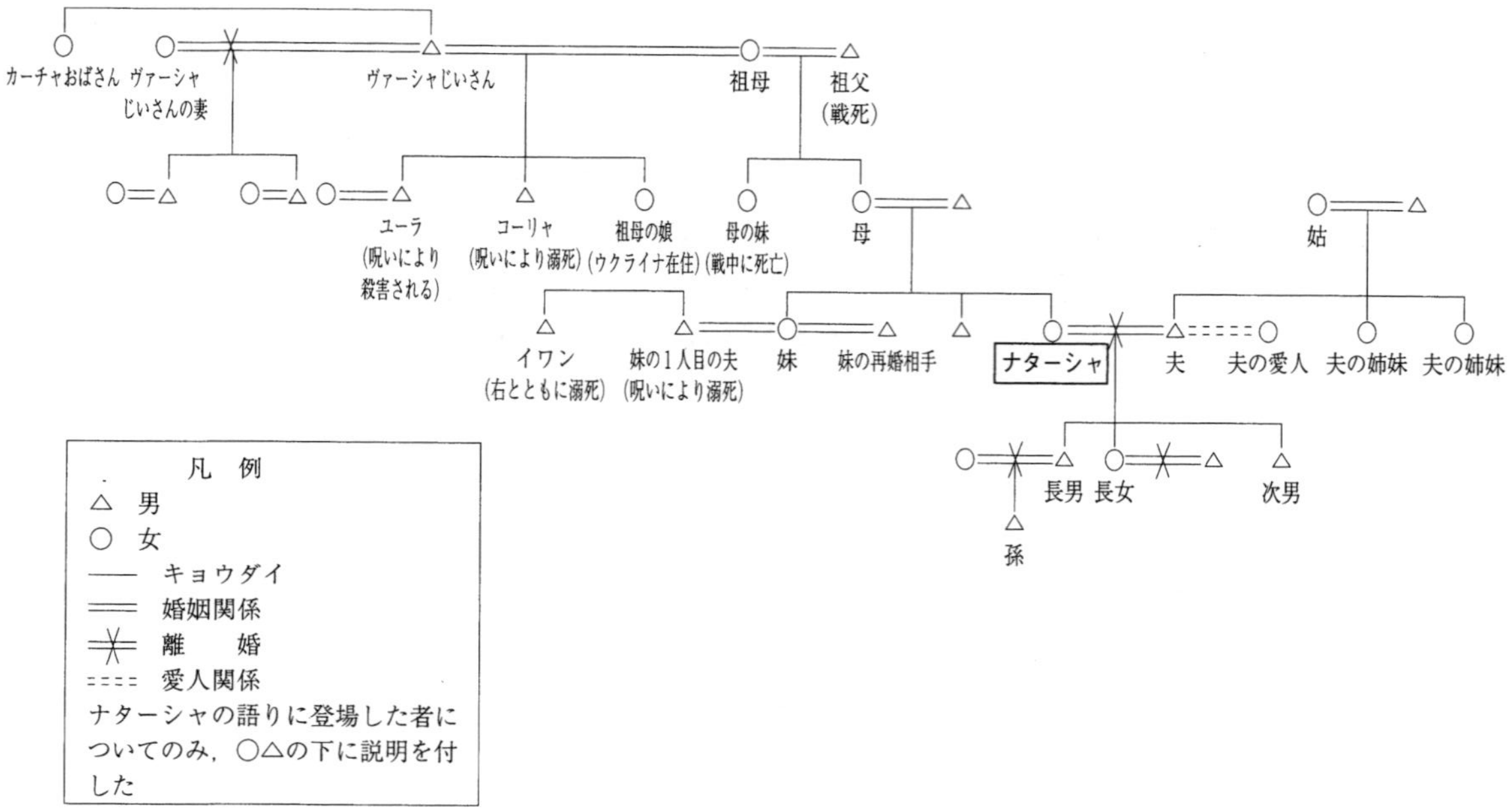
カーチャおばさん
ヴァーシャじいさんの妻
ヴァーシャじいさん
祖母
祖父
(戦死)
ユーラ
(呪いにより殺害される)
コーリャ
(呪いにより溺死)
祖母の娘
(ウクライナ在住)
母の妹
(戦中に死亡)
母
姑
イワン
(右とともに溺死)
妹の1人目の夫
(呪いにより溺死)
妹
妹の再婚相手
ナターシャ
夫
夫の愛人
夫の姉妹
夫の姉妹
長男
長女
次男
孫
凡　例
△　男
○　女
――　キョウダイ
＝＝　婚姻関係
離　　婚
＝＝＝＝　愛人関係
ナターシャの語りに登場した者についてのみ，○△の下に説明を付した

ナターシャの語りの登場人物系図

と考えている。祖母は帝政ロシア時代末期の一九一二年にA村で生まれた。気の強い、しっかりした人だったらしい。

これは家族に伝わるもので、すべては祖母から始まったようです。もしかしてそれ以前かもしれません。祖母は二歳の時に母親を亡くしましたから。祖母は孤児になり、そこからすべてが始まりました。私にはよくわかりませんが、そうなってしまったのです。祖母の父親はとても厳しい人でした。以前どこでもそうだったように、大家族で住んでいました。

ナターシャの祖母がシベリアで拾ったという聖像画。

以前は徒歩で放牧したものでした。祖母はシベリアまでも家畜を追って歩いたそうです。[6] 木材にする木も切りに行きました。この聖像画（上の写真）は、祖母がシベリアのどこかから持ち帰ったものです。祖母が言うには、何人だったか、たぶん六人だったと思います。リーダーのほかはみんな若い女の子でした。彼らは森で道に迷ってしまいました。長い間森をさまよい、どうしても出られず、もうみんな死ぬんだとあきらめかけていました。

すると森の中で、おそらく以前、礼拝堂があった場所に行きあたったのです。そこらじゅう、草ぼうぼうで、丸太が転がっていました。いったい何だろうと思って、彼らは近づいてみました。すると聖像画がいくつもあったのです。リーダーの男性が言いました。「みなさん、ひとつずつ持っていきましょう。このままでは聖像画は朽ちてしまいます。もしかしたら神様がここから出してくださるかもしれません」こうして、それぞれ聖像画を取りました。祖母が取ったのがこれです。その後、すぐに森から出ることができました。道が見つかったのです。祖母は聖像画を持ち帰り、きれいに洗って一生大切にしていました。

ソ連時代、カレリアでも無神論政策により、教会や礼拝堂は爆破されたり、閉鎖されて図書館、博物館、幼稚園、収容所、倉庫などに転用されたりした。ナターシャがここで言及している礼拝堂もまた、宗教的迷信の撲滅のためという名目で打ち捨てられたものではないかと思われる。続いて、神のおかげで生還した祖母のその後の人生である。

祖母は軍人に嫁ぎました。のちに母がムルマンスク〔カレリアの北側に位置するムルマンスク州の州都〕で生まれました。母には妹がひとりいました。戦争〔第二次世界大戦〕が始まった時、祖父は家族をペトロザヴォーツクに移しました。祖母から砲撃にあった時のことを聞いたことがあります。岸から離れてまもなく、〔家族の乗った〕船が砲撃にあい、みんな水に投げ出されて……。その時、この小さな妹は風邪をひいて死んでしまいました。戦争が終わってから村に帰り、大家族で暮らしました。

ここでは割愛したが、ナターシャの祖母は戦中、幼い娘だけでなく夫をも失ったという。そのため戦後、故郷の村で再婚するのだが、これをめぐるいさかいが呪いにつながっていくことになる。

祖母がいつどうやって二度目の結婚をしたかについて、お話ししましょう。戦争が終わり、村に戻りました。集団農場《コルホーズ》で働かないといけませんでした。男たちも帰ってきました。ヴァーシャじいさんが村に帰ってきた時、彼には妻と幼い二人の息子がいました。祖母はヴァーシャじいさんの妻と仲良しでした。しかし、これは祖母の罪なのかそうでないのか……。〔ヴァーシャじいさんの妻を含む一部の女性たちは〕戦後、もう子どもは産みたくないと言って、夫を一切寄せつけませんでした。以前はそういうことがあったのです。しかし、みんなまだ若かった。祖母はヴァーシャじいさんと付きあうようになり、一緒に暮らしはじめました。二人は丘の上に家を建てました。隣には、まだ古い家が建っていました。前妻とその息子たちは古い家に住んでいましたが、二人はそれにくっつけて新しい家を建てました。

こうして再婚した祖母とヴァーシャじいさんとの間には、三人の子が生まれる。ナターシャはあまり年の変わらない彼ら〔ナターシャにとって叔父・叔母にあたる〕と兄姉のように育った。

ここからすべてが始まりました。ここで敵意が生まれたのです。私は祖母のもとで育ちましたが、私が覚えている限り、カーチャおばさん〔ヴァーシャじいさんの姉妹〕はいつも祖母を罵っていました。祖母はいつも、カーチャおばさんが何かしているのではないかという不安を感じていました。私が覚えているのは、祖母が朝起きて、雌牛を外に出します。するとたちまちふたりは、村中聞こえるぐらいの大声で怒鳴り合いを始めます。祖母が家から物を投げ捨てます。カーチャおばさんは、いつもこっそり私たちの家に何か置いていましたから。カーチャおばさんはどうしても、黙ってうちのそばを通ることができませんでした。うちのそばを通る時には、祖母を罵らずにはいられませんでした。一生そんな感

ナターシャの祖母の家に飾られていた写真。下段の集合写真が，祖母が戦後に再婚してヴァーシャじいさんと作った新しい家庭。中段左の写真は，馬を使って畑を耕す祖母と溺死したその息子コーリャ。左上のボートの男性と右下方のアコーディオンを持った男性は，レニングラードで殺された息子ユーラ。中段右のカップルの写真は，ウクライナにいる娘とその配偶者。右上と左下方のカップルの写真は，ヴァーシャじいさんと先妻との間に生まれたふたりの息子とその妻。

じでした。

ここで語られている「何かしているのではないかという不安」とは、呪いをかけられているのではという不安である。他人の家の敷居の下に、密かに針やゴミなどを置くことで不幸をまねく呪いのことを言っている。祖母への呪いは、さらに別のかたちでもおこなわれていたとナターシャは語る。

祖母の家には庭があって、ヴァーシャじいさんが窓辺に木を植えていました。そのうちの一本の白樺がいつも軋《きし》んでいました。白樺を掘り起こすように、何度も人に言われました。根元に呪いがあると言うのです。その木がだいぶ大きくなってから、電気が引かれることになり、祖母の息子のコーリャが枝を切り落としました。するとたちまち、カーチャおばさんの目が見えなくなりました。手術のために病院に行ったりしましたが、どうにもならず、半盲目で残りの人生をすごしました。

これは、苦しめたいと思う相手の服の切れ端や髪などを手に入れ、それを風もないのにギシギシと軋んでいる木の根元に埋める呪いである。軋んでいる木は苦しんでいると考えられる。根元に自分の持ち物を埋められた人は、木と同じように苦しむようになるのである。この呪いを解除するためには、木を切り倒し、呪物を掘り出さなければならない。呪いは他の人に解かれると、それをかけた人自身に返っていくと信じられている。ナターシャは、カーチャおばさんが呪いをかけていた動かぬ証拠として、彼女が盲目になったことを語っているのである。

カーチャおばさんはさらに呪いをかけてきたという。この呪いは結果的に、再婚後に祖母が産んだ息子コーリャにかかることになる。

コーリャがトラクター運転手としての訓練を終えたのは、十七歳の時でした。軍隊に入るまでの間、村で働くことになっていました。彼は何かを感じていたようです。奇妙な夢を見たらしいのです。ところでコーリャはいつも私たちに言っていました。「僕はすごく興味があるんだ。湖の底まで行って、湖の中を全部見られたら。どんなおもしろいものがあるか、見てみたいよ！」

コーリャを最後に見た時、私は友だちと一緒でした。私たちが歩いていると、彼がトラクターで通りかかり、私に手を振りました。その時なぜか、この人を見るのはこれが最後になるだろうという予感がしました。

コーリャが行ってしまったので、私たちはまた歩きだしました。春、三月八日の祝日(7)〔国際婦人デー〕前で、もう雪は融けていました。私たちは墓地まで行きました。村の墓地にです。なぜそこに行ったのか、いまだに説明がつきません。現在、彼が葬られているお墓に行ったのです。そこでまた何か不穏なものを感じて、恐くなって走ってうちに帰りました。わけのわからない恐怖を感じました。

祖母は普段から自分で水汲みをしていました。なぜなら、コーリャは誰の頼みも断らないやさしい人で、当時トラクターの技術をもっている人は少なかったですし、何か運んでほしいと頼まれると、いつも手伝っていたからです。この人には薪を、あの人には干草をという具合に。それで時間がないから、祖母はいつも自分で水汲みにいっていました。

春のことで、まだ雪が残っていました。その日はコーリャが水汲みにいきました。彼は水汲みから帰って言いました。「お母さん、見て！　そこらじゅうに灰が撒《ま》かれてる！」氷に開けられた水汲み用の穴の周囲と道が灰だらけだったのです。祖母はもう彼を水汲みに出しませんでした。祖母は、これはカーチャおばさんの仕業だと言っています。たぶん彼女の罪です。カーチャおばさんは、祖母が水汲みにいくと思ってやったのに、コーリャに呪いがかかってしまったんです。

灰や炭はロシアで呪術行為の際にしばしば使われるものであり、祖母は危険を察知したのであろう。以下がコーリャが奇妙な夢を見、ナターシャが何かを感じ、灰が撒かれるという出来事があってまもなく起こったことである。

うちの犬が一晩中遠吠えしていました。コーリャはいつもこの犬を連れていったのですが、その日は置いていきました。彼はとても行きたくなさそうでした。氷が悪いと言ったり、気分が悪いと言ったりして。何かを感じていたようです。〔氷の張った〕湖を渡って四トンの塩を運ぶ仕事でした。漁師が向こうで捕った魚が腐らないように、塩漬けにするための塩です。当時、塩を運ぶヘリコプターは飛んでいませんでした。

出かける時にコーリャは言いました。「帰りは道を通らず、〔凍った湖を〕横切って帰るよ」もしも轍《わだち》に沿って走っていたら、溺れることはなかったでしょうに。帰りはもう日が暮れていました。近くの村の人は見ていました。モーター音が聞こえなくなり、突然、トラクターのランプが消えたのを……。B村のあたりです。

塩を運んだ帰り、コーリャはひとりの女性のために干草を積んでいました。行きは彼女は怖がって運転台に座りませんでしたが、帰りはみんながそこに座るよう言ったので、コーリャのそばに座っていました。氷が割れてトラクターが突っこんだ時、他の人は飛び降りましたが、ふたりは取り残されました。女性が見つかったのは十日後、コーリャが見つかったのは十五日後でした。

湖の多いカレリアでは、残念ながら溺死は珍しいことではない。とくに多いのは春先、氷が融けはじめる季節である。夫が溺れた、兄弟が溺れた、友人が溺れた、一家全員溺れたというような話は頻繁に聞かれる。ナターシャは犬の遠吠えに言及しているが、これはロシアの諺で、「夜に犬が吠えると死人が出る」[Dal' 1993 (1904): III, 586] と言われることを念頭においていると思われる。犬には人間の目に見えない死神が見えるともいわれる。溺死者が出た場合、問題になるのは遺体探しである。潜水夫を投入してひとしきり探しても見つからない場合、呪術頼みとなる。

I・ビリービン画「水のヌシ《ヴォジャノイ》」(1934年)

当時、私は六年生でした。一九七〇年のことです。つらかったです。家ではみんな泣いていました。私にとっても大きな喪失でした。祖母が納屋で唱えごとをしたり、何かしたり、コーリャが見つかるように何者かに呼びかけていたのを覚えています。村ではどれほど多くの男たちが溺れ死んだことでしょう。私は覚えています。岸に行って水のヌシ《ヴォジャノイ》か他の何者かに呼びかけていたのを。溺死者が岸に流れ着いた時のことも。

コーリャのためにも何かがおこなわれ、その後に見つかりました。遺体を返してくれるような存在がいたのです。まず女性が見つかりました。〔以前〕同じ場所で彼女の夫も溺れ、父親も溺れ、彼女自身も溺れて五人の子どもが残されました。

潜水夫に発見された時、コーリャは湖底の泥の中で助手席の側に立っていました。女性を助けようとしたのでしょう。でも彼女はコーリャがひとりで逃げると思ったのかもしれません。彼の場所に座っていました。コーリャは立ったまま、血が出るほどきつく唇を嚙みしめていました。遺体が運ばれてきた時、まだ血が滴っていました。

ここで語られている水のヌシとは、水辺を司る精霊である。革命前の民族誌資料からは、森のヌシ《レーシー》、家のヌシ《ドモヴォイ》など、生活空間の各所にその場所を司る超自然的存在がいると想像されていたことがうかがわれる。ロシア語では彼らは「司る者、主《ヌシ》」という意味でハジャーイン（khoziain）と総称される[8]。本書ではキリスト教における神への呼びかけである「主《しゅ》」と混同することがないように、カタカナ表記でヌシと表記している。これらヌシたちは一般に、敬意をもって接すれば好意を示してくれるが、うっかり侮辱するとひどい仕打ちをされると信じられた。

ナターシャの村に伝わる伝説によると、村が臨む湖には二人の水のヌシが住んでいる。彼らは自分のもとで働かせるために、酒を飲まない働き者を溺れさせるのだという。祖母が納屋で唱え事をしたとあるが、これはコーリャを湖に閉じこめている水のヌシに対して、解放してくれるよう呪文を唱えたということである。呪文によって自然のヌシたちとコンタクトをとることができるのである。

さて、コーリャの溺死は思いがけないかたちで、ナターシャ自身の不幸につながっていくことになる。

子どもの頃、私はとても長い髪をしていました。当時、ボロニアリボン[9]がはやっていて、私もこのリボンを着けていました。コーリャが引き上げられた時、みんな船着場に走っていきました。遺体は防水布で包まれ、誰にも見えないようになっていました。でも私はとても好奇心が強くて、怖いけれど好奇心が勝ったのです。覗きこんで見ました。誰も通さないようになっていたのですが。

さて、検死のために遺体をプードシ〔近隣の街〕まで運ばないといけません。何かで手足を縛るよう言われました。手はもう何かで縛られていましたが、道中ぐらぐらしないように足も縛らないといけません。その時、祖母の姪のドゥーニャが私の髪からリボンを取ったのです。この時のことは、はっきりと覚えています。私のリボンで遺体の足が縛られました。私は何も言えませんでした。リボンが惜しいからだと思われたくなかったからです。私は黙っていました。親戚はみんな泣いていて、それどころではなく、誰も気づきませんでした。誰か忘れましたが女の人が、「そんなことはしてはいけない」と言ったのですが。

コーリャが葬られてから、どんなに苦しんだことでしょう。言葉では言いあらわせません。経験した者でないとわからないでしょう。春になったとたん、私は十四歳でしたが、自分の居場所が見つけられなくなってしまったのです。自分に何が起っているのか、まったくわかりませんでした。コーリャが死んで一年経っても、学校から帰ってご飯を食べていると、気分が悪くて悪くて、今にも気が狂うんじゃないかという感じなのです。胸が破裂しそうで押しつぶされそうで。その時から私の頭痛が始まりました。それはそれはひどい頭痛でした。十三年間も苦しめられました。生きるに生きられず、死ぬに死ねないという状態でした。

結婚して長男を産んでからも、コーリャはどこにいても私を呼び、夢に出てきました。家にはまったくいることができませんでした。とくに納屋には入れませんでした。ものすごい恐怖を感じるのです。私はいまだにお墓に立つのが怖いです。お墓に行くとコーリャが夢に出てきます。彼が死装束で横たわっている夢を見ると、決まって家族に悪いことが起こるのです。彼は死んだ人をみんな私のところによこしました。死んだ人はみんな私を呼びにきました。コーリャは私を自分のところに連れていきたがっていたのです。

でもリボンは後になって見つけました。私は何もわかっていませんでしたが、リボンが遺体と一緒にお墓に入ってしまわなくてよかったです。もし良い人が助けてくれなかったら、私は今ごろここにはいないでしょう。神様はやはり私を助けてくださっているのです。私は祖母の家の周りを箒で掃いていました。その時にリボンを見つけたんです。しばらく見て、拾わずに捨ててしまいました。

ナターシャの話は、世界の呪術を比較研究したJ・フレイザーの述べる二つの法則と一致している。第一の法則は類似の法則で、類似は類似を生む、あるいは結果はその原因に似るというものである。第二の法則は接触の法則で、これはかつて互いに接していたものは、物理的な接触のやんだ後までも、なお空間を隔てて相互的作用を維持するというものである［フレイザー　一九五一（1890, 1925）：五七―六〇］。ナターシャの場合、リボンが死んだコーリャに接触したことにより、死者と絶ちがたいつながりをもつことになってしまったのである。コーリャの死に続く以下の話もまた、これらの法則と一致している。

コーリャの葬式の時、ドイツで軍務に就いていた彼の兄のユーラが帰ってきていました。さて、墓地でのお別れでお辞儀した時のことです。ユーラの帽子が墓穴に落っこちてしまいました。「これは恐ろしく縁起が悪い、帽子を拾ってはいけない」とみんな言いました。しかし彼は軍人です。どうやって帽子なしで軍隊に帰れるでしょう？　そんなわけにはいきません。墓穴に降りて帽子を拾う羽目になりました。

ユーラはコーリャの後を追うように死にました。殺されたんです。レニングラードで。ひどい殺され方だったようです。ユーラにもたくさん〔呪いが〕かけられていました。彼には妻がいたのですが、妻の叔母は何でも知っていました。レニングラードに住むオールドミスでした。葬式に行った時、妻の叔母が呪いをかけていたことがすっかりわかったんです。

ここでの「知っていました」という言葉は、呪術を知っていたことを意味している。カレリアでは補語なしで「知っている」という場合、しばしば呪術を知っていることを意味する。悪い呪術を知っているという意味で非難を込めてこの言葉が発せられることもあれば、多くの人びとを助けているという意味で尊敬を込めて発せられることもある。以下、呪術を知っていることを意味する場合には、強調の傍点を打つこととしたい。

祖母はコーリャを亡くしてから、家にいられませんでした。ウクライナにいる娘〔ナターシャの叔母にあたる〕のところにずっと行っていました。でも祖母はここにもそこにも、どこに落ち着くこともできませんでした。泣いてばかりいました。

氷が遠ざかっていく頃、祖母は水辺に行き、顔を洗いました。そして目を患いました。私は当時幼稚園で働いていて、子どもはまだ小さかったのですが、何度も病院にお見舞いにいきました。この時助けてくれたのが、ペトロザヴォーツクに住む女性でした。彼女は獣医で教育もありました。水を伝わってきた丹毒にかかったんだと言われました。誰かが祖母に丹毒を送りこんだのです。もう少し早ければ治せたでしょうに。こうして祖母は盲目になりました。祖母は泣きつづけ、一生息子たちを恋しがっていました。

以上がナターシャの祖母の不幸である。次にナターシャの子ども時代の話を紹介したい。

## 子ども時代の出来事——呪術師の呪《のろ》い

子どもの頃のことで、こんなことを覚えています。村では子どもはみんな、パンにマーマレードを塗ったものを持って遊びにいったものでした。ある日、大勢でトロフィーモフ家に遊びにいくことになりました。みんな手に手にパンを持って歩いていきます。ところがトロフィーモフ家の大きな犬が私のパンをパクリとやって、鼻をバリッとひっかいたのです。鼻から血が出て、おかしな光景ですが、実際はおかしいなんてもんじゃありません。その家の子が私を呼びました。「入っておいで、おばあちゃんが血を止めてくれるから」そのばあさんは何でも知っていました。悪いこともたくさんしました。まったく恐ろしいばあさんで、みんな怖がっていました。

私がもっと小さかった頃、夜中に目をあけると、そのばあさんが私の上で何か唱えていたのを覚えています。私は夢遊病患者みたいに、夜中に飛び起きて走りまわる子どもでした。何かを怖がっていたのか、もしかして「イスプグ」だったのかもしれません。わかりません。でもその時は〔ばあさんの呪文のおかげで〕すっかり治りました。

ここではありとあらゆる呪術を知っている呪術師のばあさんが話題になっている。革命前の資料によると、呪術師は箒や火かき棒や臼などに乗って空を飛ぶことができたり、尻尾をもっていたり、カササギ、豚、犬、黄色い猫その他さまざまな動物に変身したりすると考えられた[Maksimov 1903:

134］。人や家畜の病気、作物の不作など、村で起こる不幸のほとんどすべては、直接間接に呪術師のしわざであると考えられた［Maksimov 1903：127］。と同時に、呪術師たちはさまざまな病気治療をもおこなった。当時採集された呪文［Popov 1903 他］には、歯痛、血止め、熱病、火傷《やけど》、アルコール中毒、二日酔い、いぼ、腫れ物、打ち身、脱腸、腰痛、不眠症、蛇の咬み傷、犬の咬み傷、ものもらい、白内障、るいれき（頸部リンパ節結核）、扁桃腺、虚弱、皮膚病、しゃっくり、耳の痛み、腹痛、頭痛、痛み全般、男性の精力減退、痙攣、憂うつ、発狂などを治療／予防するためのものがある。また、病気の原因としては自然的な原因の他に、呪いのような超自然的な原因も信じられていたので、これを祓《はら》う呪文もあった。

ナターシャはここで、自分は「イスプグ」だったかもしれないと語っているが、これは民間で信じられている病気のひとつで、直訳すれば「驚き」を意味する。泣いてばかりいる、眠らない、震えたりどもったりする、成長が止まる、ひきつけを起こす、怯えるなどの症状があると、イスプグだといわれる。イスプグは、驚かされるようなことがあったり嫉妬されたりした場合に生じる、または精霊のせいで起こるとされる［SD 1995：II, 424-426］。

〔犬に引っかかれた時、〕そのばあさんが何をしたと思います？　傷からは血が出て、私は泣きわめいていました。まだ小さかったものですから。ばあさんはタバコから紙を一枚引き抜き、広げて唾をつけて傷口にあて、十字を切りました。するといぼができたのです。ここと、ここと〔鼻の上下左右四箇所〕十字にいぼができたんです。触ると痛いですし、ひどく醜いので、私は嫌でたまりませんでした。学校では男の子が、いぼを見てははやし立てました。

コーリャが溺れる前かその春のことだったか、そのばあさんが亡くなりました。彼女は死にぎわに苦しみ、なかなか死ぬことができませんでした。ばあさんが死んだ夜、私は妹と同じ部屋で寝ていました。すると真っ暗闇の中で、ものすごい強い風が吹いて煙突がうなり、煙突の蓋が開いたのです。私は怖くて怖くて、必死で母を呼びました。母は起きてきて言いました。「いったい何をわめいているの、気違いみたいに?」「お母さん、私とっても怖いの!」

次の日の朝、顔を洗った時には、まだいぼはありました。するとちょうどその時間に死にました。朝にはいぼはあったのです。学校へ行きました。すると友だちが言うんです。「ナターシャ、あんたのいぼはどこにいったの?」私は顔をなでてみました。見てください、全然跡形もないでしょう? 突然消えたんです。年寄りのところに行ってそのことを話すと、「犬の乳首」を付けられたんだと言われました。私を引っかいた犬の乳首を付けられたんです。

ばあさんは悪いことをたくさんしたせいで、死にぎわに苦しみました。魔物が受け入れなかったからで、魔物が呪いを解くよう言ったのです。「お前に何でナターシャが必要なんだ、あんなことしてはいけなかったのに!」って言って。煙突がうなって蓋が開いたのは、それだったのです。

私は大喜びしました。いぼがなくなったなんて信じられなくて、鏡を見て泣きだしたぐらいです。私は友だちといぼを探しまわりました。本の間や机の中も見ましたが、どこにもありません。いったいどこに消えてしまったのでしょう? わけがわかりません。朝には確かにあったのですから。

以上の話で確認しておきたいことは、ナターシャの日常生活の各所には、子どもの頃から呪術が存在したということである。ただし、ナターシャは呪術の効力を信じていたというよりは、日常生活の中の単なる慣習であったようである。彼女は、かつては呪術など信じていなかったということを、この後の語りで何度も繰りかえすからである。

## 結婚生活――姑の呪《のろ》い

続く語りは、ナターシャが大人になってから起こった出来事である。大人になっても続いた不幸をきっかけとして、彼女は呪術を単なる慣習や迷信ではなく、確固とした「リアリティ」をもったものとして認識するようになっていく。

私の結婚生活がどんなだったかというと、これにはすべて姑がかんでいます。結婚式で〔姑に呪いをかけられたようです。私は馬鹿なことをたくさんしてしまいました。以前はこういうこと〔呪術〕は信じられていませんでしたから。どうして私たちはこうなんでしょう?

花嫁衣裳を用意していたのですが、姑は式当日まで、それを自分の手元に置かせてほしいと要求しました。色んなことが起こりはじめました。あの時、呪いがかけられたようです。妊娠している時にかけられると、呪いは子どもに行ってしまいますよね〔ナターシャは結婚式の時にすでに妊娠していた〕。

争いが絶えず、私には悪いことばかり起こるようになりました。いったい何年苦しんだと思いますか? 私の道はどこもかしこも閉ざされていました。仕事も見つかりませんでした。姑は私たちを噛み殺すかのようでした。手紙を書いてくるのですが、五枚の便箋に延々と脅し文句が並んでいました。「絶対に別れさせてやる、あんたたちは絶対に一緒に暮らせない」って。

ここでナターシャは、結婚式の際に姑に呪いをかけられ、そのせいでのちにさまざまな不幸が起こったことを語っている。革命前の資料によると、結婚式は人生において最も呪いがかけられる可能性が高い瞬間である。結婚式に招待されなくて腹を立てた呪術師に式をだいなしにされた、性生活が成り立たないようにされた、というような語りが多数採集されている。式の参列者全員が、呪術によってオオカミに変身させられてしまったという語りさえ存在する［Maksimov 1903：117］。

V・マクシーモフ画「農民の結婚式にやってきた呪術師」（1875年，トレチヤコフ美術館所蔵）。招かれざる呪術師が突然，結婚式の場に姿を現した場面。不幸の予感に怯える人びとの様子が描かれている。

結婚式での悲劇を避けるために、かつて人びとは呪術師を客人として結婚式に招待し、丁重にもてなした。すると招待された呪術師は、新郎新婦を守る役割を果たした。他の呪術師に呪いをかけられることがないように、あらゆる呪術的な手段を尽くしたのである［Maksimov 1903：116-117］。以下は結婚式で新郎新婦を守るための呪文の一例である。悪意をもつ人びとから新郎新婦を守るために、堅牢な防御壁を築いてくれるよう、聖人らに祈願する内容となっている。

主よ、イエス・キリストよ、神の子よ。父と子と精霊の御名において、アーメン。〔……〕大天使ミハイルよ、使徒聖ピョートルと聖パーヴェルよ、九の三倍の銅の柵をめぐらしておくれ、地面から天まで、海の深みまで、東から西まで、南から北まで、地面から天まで、神の僕《しもべ》なる我〇〇の四方に。この九の三倍の柵には九の三倍の門があり、九の三倍の錠がある。この九の三倍の錠には九の三倍の鍵がある。神の僕なる我〇〇はここに来て、九の三倍の錠を閉じ、九の三倍の鍵を聖なるカスピ海に投げ入れる。すると金のカマスがやってきて、その鍵をくわえ、海の深みへと持ち去る。〔……〕アーメン、アーメン、アーメン。[Zabylin 1990 (1880) : 373-374]

呪文中に繰りかえされる「九の三倍」とは、「多数」を意味する決まり文句である。この呪文は、数えきれないほどの防御柵を聖人に作ってもらい、それにしっかりと鍵をかけることによって、新郎新婦を魔物や邪悪な人びとから守るために唱えられるものである。結婚式とはこれほどまでに、呪いに対して用心すべきイベントであった。しかしナターシャは、呪いをかけられる可能性があるという重大な「事実」を知らずに、まったく無防備に結婚式にのぞんでしまった。

現在、ナターシャは深い後悔にとらわれ、こう言っている。「以前はこういうこと〔呪術〕は信じられていませんでしたから。どうして私たちはこうなんでしょう?」彼女のセリフの「私たち」とは、無神論教育により呪術のような「迷信」を信じなかった世代である。無神論プロパガンダを鵜呑みにしたナターシャは、呪われるという痛い代償を払うことになったのである。

さて、姑は出産に際しても、何も知らないナターシャに呪いをかけてきたという。

産院でのことですが、私は息子のために新しい産着を揃えていました。それなのに姑と夫の姉は私から子どもを取りあげて、すっかり着替えさせてしまいました。あんまり古びて色あせたボロで恥ずかしかったです。

〔産院から出た後〕ふたりは私に子ども用石けんを持ってきました。一九七五年当時は子ども用の石けんだけでなく、何もない時期でした。私は母乳で育てていました。私は〔それが呪いだということに〕まったく気づきませんでした。夫の姉から石けんを手わたされました。私は受けとって置いておきました。

その晩、私は意識不明で病院に運ばれました。胸の病気でした。姑たちはあらん限りの方法で、私に危害を加えてきました。手術をしましたが、何があったと思います？　ただの乳腺炎なんかじゃありませんでした。胸の内部に腫瘍が、腫れ物が出来ていたのです。きっと姑たちの仕業です。

ここでナターシャの話の背景にあるのは、手わたすという行為によって、呪いや運などが物とともに一方から他方に伝わる、という信仰である。たとえば借りたお金を返す時、相手に手わたしてはいけない。いったん机に置き、それを相手に受けとらせる。そうしなければ、手わたした側の財運がお金とともに移ってしまい、困窮することになるからである。邪悪な意図をもっている人と握手することも、同様に危険とされる。先の語りでは、ナターシャは石けんとともに呪いを受けとらされたと考えている。

退院する時、医者にばあさんを探すよう言われました。私の胸は奇妙な状態でしたから。穴がいくつもあって、押さえると膿が流れだします。この時は、私たちの寮のすぐそばに住んでいた、親戚のドゥーシャばあさんが助けてくれました。彼女は呪文を唱え、炭で〔傷口のまわりを〕ぐるっと描いてくれました。「もう切ってしまってるから、効くかどうかわからないけど」と言ってましたが、効きました。のちにこの腫れ物は目とかあちこちにできましたが、その時も治してくれる人がいました。

医者が探すようにいった「ばあさん」とは、呪術師のことである。医者が呪術を勧めるのは意外に思えるが、このような例は調査中に何度も耳にした。ある種の病気は呪術師にしか治せないという観念は、一部の医者や看護婦にも共有されているようで、通常の治療で治せない場合には、こういう助言がおこなわれうるのである。医者は近代科学の象徴であり、ソビエト政権の論理においては呪術師の対極に位置づけられる者であったため、医者に呪術を勧められると人びとは大いに驚く。しかし患者は藁にもすがるような思いで、半信半疑でそれを試す。その後、偶然に事態が好転した場合、呪術が信じられるきっかけとなる。呪術は政権には否定されているが、じつは迷信などではないのかもしれない、医者もその効力を認めている、と考えられるようになるのである。

さて、続きはさらなる奇跡的な治癒についての語りである。

息子は三回死にかけました。〔呪いが〕息子に行ったようです。息子は死んでいてもおかしくなかったのですが、その時も神様が〔良い人を〕送ってくださいました。叔母に言われてヴェーラばあさんのところへ行ったんです。ヴェーラばあさんも寮の近くに住んでいました。いいばあさんで、人助けをしていました。息子は敗血症、つまり血の病気で死にかけていました。集中治療室で一日中点滴がつけられていました。これはみんな姑がしたことなのです。私は泣いて、どうか命だけはと神に祈っていました。医者にはこう言われました。「あなたはまだ若い。子どもはまた産めるでしょう。息子さんのことはあきらめてください」当時、私は十八歳でした。
ヴェーラばあさんは水を用意して言いました。「医者の言うことを聞いちゃいけない。この水で子どもを洗ってやりなさい、この水をかけなさい」医者には非難されましたが、私は言われたとおりにしました。瓶に入った水でした。言われたとおりにすると、息子はとても長いあいだ眠りました。次の朝、女医は息子がまだ生きているのに驚いて言いました。「どういうこと? もうとっくに霊安室だと思ってたわ!」こういうことを経験させられたのです。

ヴェーラばあさんがくれた水は、呪文を込めた水である。呪術師は水の入ったコップなどに口を近づけて、ささやき声で呪文を唱える。この水を患者に飲ませたり浴びせたりすると、呪文の言葉どおりに病気が治るとされる。ナターシャはヴェーラばあさんの水による治療後、息子がとても長いあいだ眠ったと語ったが、この背景には、呪術的な治療が効いた後は、病人は長い間眠るとする信仰がある。ナターシャは息子の回復はまさに、呪文が込められた水の効用であることが述べられているのである。

病気治療の呪文の典型的なモチーフは、人格化された病気に対して体から出ていくよう命令する(または頼む)というものである。以下は呪いによって身体に入ってしまった魔物(病気)を祓《はら》う呪文の一例である。革命前に採集されたものである。

主よ、今日の日を祝福したまえ。我は神の僕なる〇〇を白き腕に抱き、呪文を唱える。すべての魔物どもよ、神の僕の体から出て行け、お前らに用はない。我は神の僕に、泉の水と柔らかな草を与える。

すべての魔物は出て行け、神の僕の腹から、骨から、関節から、肋骨から、四肢から、すべての血管から。〔……〕ハヤブサの訪れる、渡り鳥の訪れる広き野に去るなら、お前らはその生き物に、その渡り鳥に入り、風の中を、つむじの中を飛べ。風よ、疾風よ、神の僕の四肢から、すべての関節から魔物を運び去れ、黒い泥へ運び去れ、ぬかるむ泥に押し込め、風でも疾風でも動かぬように、吹き飛ばされぬように。魔物は消え去り死ぬのだ。[Popov 1903: 230]

この種の呪文のおかげでナターシャの息子は回復したが、彼女への呪いはまだ続いた。

姑はヴォロビーハ〔村で有名な呪術師〕と仲良くするようになりました。彼女はとてもよく知っていました。夫の実家へ行った時、向こうではお茶が用意されていました。姑は「あんたはここに座りなさい、あんたはそっちに」という具合に席につかせました。ヴォロヴィーハも座り、私たちを見ました。それ以来、夫が暴れるように、私を殴るようになりました。姑はヴォロヴィーハにたくさん贈り物をしていました。姑は私たちを別れさせたがっていて、ヴォロヴィーハはその頼みを聞いていたようです。

夫はそこでお茶を飲みました。〔しばらくして〕家に帰りました。ところが家に入ったとたん、彼は靴を脱いで、その靴で私を殴りはじめたのです。敷居のところから私に飛びかかってきたんです。まるで野獣でした。ああ、いったいどれだけ呪われ、苦しめられたことでしょう！　でも神様が私を守ってくださいます、助けてくださいます。もちろん誰にでも罪はありますし、私も罪深い人間です。でも誰かに悪意でもって何かをしたことは一度もありません。だから助けてくださったのでしょう。今でも助けてくださいます。しかし多くのことを耐え忍ばなければなりませんでした。

ナターシャは呪術師ヴォロビーハが自分たちを見たと語っているが、これは邪視されたということである。邪視とは嫉みの感情のこもった視線であり、これによって病気や不幸などが引き起こされると信じられる。革命前の資料によると、視線ひとつで相手の生命力をすっかり奪ったり、気を狂わせたりすることのできる呪術師が存在するとのことである［Popov 1903：35］。ナターシャの夫が突然に野獣化した「原因」は、ヴォロヴィーハの邪視なのである。さらに、夫がヴォロヴィーハのところでお茶を飲んだことも問題になっている。これは、呪文を唱えた食べ物・飲み物を相手に摂取させることで望みの結果を得る呪術である。姑に頼まれたヴォロヴィーハがお茶を使って、夫が妻を殴るようになるようにとの呪いをかけた――このようにナターシャは考えているのである。

以下の話も食べ物を使った呪いである。

息子の話にはまだ続きがあります。息子が一命を取りとめ、もうすっかり良くなった頃のことです。姑がうちに来ました。その時、何を息子に食べさせたんでしょう？　息子の耳から何かが流れだすようになったのです。息子が学校にあがるまでに、私がどれだけ色んなばあさんのところに通ったと思います？　何だったかわかりません。医者も誰も治せませんでした。耳から紐《ひも》のようなものが出てくるのです。雪が融けて消えるまで、引っ張ると腐ったものが紐になって出てきました。あんなものは見たことがありません。引っぱっても引っぱっても、紐のように出てくるのです。でも雪が消えると自然に治ります。姑の仕業です。うちに来た時に、息子に何か食べさせたのです。私は台所にいたので、見ていませんでしたが。

ここでは、雪と耳だれが関連づけられるような呪いがかけられたと想定されている。

私は治せる人を探しまわりました。そんな時、また神様が助けてくださったようです。リボンの時に助けてくださったのも神様でしたが。オーリャばあさんという人がいて、彼女もとてもよく知っていました。ばあさんは私に尋ねました。「なんであんたの息子はいつも帽子をかぶってるんだい?」「耳が痛むんです」その時はばあさんは何も言いませんでした。しかし次に会った時に、こう言いました。「誰かがあんたの息子にいいことをしてくれたようだね。あんたの姑は魔女だよ。小さな子どもにこんなことをするなんて。神罰が下るだろうよ」私は「どういうことですか?」と尋ねました。当時こんなことは信じられていませんでした。こういうことは隠されていたのです。ばあさんは言いました。「何かの脳味噌を使ったようだね。鳥の脳味噌かもしれない。脳味噌に何かして子どもに飲ませたんだ。子どもの脳味噌がすっかり流れてしまうように」ぞっとしました。どんなに心配したことでしょう。オーリャばあさんは息子を治してくれました。

ここでナターシャが呪術について、「こういうことは隠されていたのです」と語っていることに注意してほしい。すなわち彼女は、呪術には「リアリティ」があるにもかかわらず、ソビエト政権によって意図的に隠されていた、と考えているのである。もちろん実際には、政権は呪術を「隠して」いたわけではない。近代化のために、呪術のような「迷信」を撲滅しようとしたのである。しかしナターシャは呪術を「隠されていた事実」と認識している。ここに大きな乖離があることを確認しておきたい。ナターシャのこの認識は、長年の頭痛が呪術で治ったことにより、さらに補強されていく。

それからオーリャばあさんは、私をじっと見て言いました。「あんたはひどい頭痛持ちだね」「そうです、ひどく痛みます」寮に住むようになっていましたが、そこでも〔湖で死んだ〕コーリャが私を引っぱり、呼ぶのです。あんまり怖くて、部屋にいても、廊下側の扉はいつも開けっぱなしにしているぐらいでした。次に会った時、ばあさんに聞かれました。「昨日はどんな夢を見た？」「コーリャがまた夢に出てきました。私を呼んでいます。もう耐えられません」すると彼女は、「洗礼は受けているかい？」と私に尋ねました。「いいえ」と答えると、教会に連れていかれました。初めて教会に行ったのです。

ばあさんは私に、まず死者のために蠟燭《ろうそく》を供えるよう言いました。私は蠟燭に火をつけて供えました。コーリャが安らかであるようにと。ところがまるで誰かが吹き消したみたいに、死者のために供えられていた蠟燭がみんな消えてしまったのです。気味が悪くなって彼女を見ました。彼女は十字を切り、長い間、何かお祈りを唱えていました。それから私に言いました。「すぐにお母さんに電話しなさい。向こうで食事をしてもらって、そこで使ったテーブルクロスを払わずに、パンくずがついたままのを丸めて送ってもらいなさい」

台所でピロシキを焼くナターシャの母。

私は母に電話しました。母も当時、何も信じていませんでした。私はとても気分が悪くて、どうしてもそれが必要なんだと説明しました。母は言ったとおりにクロスを送ってくれました。オーリャばあさんは私の服を脱がせて、水とクロスの入った桶に座らせ、私を洗いました。上から下

ソ連崩壊後，正教会が復興されるまでの間に，当座の祈りの場として作られた仮の教会。使われなくなった幼稚園の教室に，紙の聖像画が貼られている。

まで、お祈りを唱えながら洗ってくれました。私につけられていたもの〔呪い〕を洗い流してくれたようです。それからばあさんは私に、教会で洗礼を受けさせました。息子にも洗礼を受けさせるように言うので、そうしました。

多くの呪術師はこのように、自らがキリスト者であることを自認し、お祈り（正教会で正式に認められている祈禱、およびキリスト教的なモチーフの呪文）を唱えて治療をおこなう。この時、患者に求められるのは、洗礼を受けていることである。洗礼を受けていない者は治療できない、というのは呪術師の口からしばしば聞かれる言葉である。

革命前にはカレリアには教会が五九四あった[10]が[OE 2001: 37-38]、無神論政策による教会閉鎖により、一九八〇年代半ばまでに四つにまで減り、教会に行く習慣をもたない世代が育っていった。ナターシャもそのひとりである。ナターシャがオーリャばあさんの勧めで教会に行ったのは、おそらく一九八〇年代後半以降、教会の復興が始まってからのことであろう。

その後、すぐに夢を見ました。「夢を見たかい？」とばあさんに聞かれました。ほかにも何かしてくれていたのかもしれません。私はとくに信じていたわけではありませんでした。でも自分は信じていないとか、こんなことは馬鹿馬鹿しいとは言いにくかったので、言われたとおりにしました。そしたらコーリャの夢を見たのです。コーリャは白いシャツ姿で、ものすごく憎々しげな目で、寮の窓から私を睨みつけていました。憎悪の目で睨みつけて、そしていなくなりました。それ以来、彼は来なくなりました。私は少しずつ太って、健康を取り戻しはじめました。

その後、このオーリャばあさんはナターシャに娘が生まれると予言する。予言どおり生まれた娘が病気になった際も、ばあさんは助けてくれたという。

## 離婚——姑・愛人・ジプシー・夫の呪《のろ》い

長男の耳の病気はオーリャばあさんが治してくれましたが、娘が耳の病気になった時は、マルーシャばあさんが治してくれました。いいばあさんでした。妹の同級生の祖母にあたる人です。一度しか会ったことがありませんが、その時彼女は言いました。「夫があんたにひどいことをするんだね」「そうです、ひどい暮らしです。いつもいつも、ひどい仕打ちを受けています」「今晩うちに泊まっていきなさい。夜にお墓に行きましょう。夫がひどいことをしなくなるように、ずっとあんたのそばにいるようにしてあげるよ。あんたは幸せになれるよ」私はどうして言うことを聞かなかったのでしょう？　別に急ぐこともなかったのに、聞かずに帰ってきてしまいました。

ばあさんが「夜にお墓に行きましょう」と言っているのは、愛の呪術をおこなおうという提案である。真夜中に愛させたいと思う人と同名の人の墓から土を一握り取って、呪文を唱えながら風にのせて投げる。すると相手が自分を愛してくれるようになるとされる。マルーシャばあさんは、夫がナターシャから離れないように、墓でこれに類した呪術をしようと言っているのである。しかし、その効力を信じられないナターシャは、聞き入れずに帰ってきてしまった。その後、夫は何年もナターシャと愛人の間を行ったり来たりして、ナターシャを苦しめることになる。

私はまた病気になりました。オーリャばあさんが言いました。「ナターシャ、あんたの姑は、どれだけひどいことをすれば気が済むんだろう！　あんたの写真が玄関の下に埋められている」

写真はしばしば、本人と神秘的なつながりをもっているものとして、呪いをかけるために使われる。ここでは玄関の下にナターシャの写真が埋められ、人びとがそれを知らないうちに踏んで歩くことにより、ナターシャが苦しむと考えられている。オーリャばあさんはさらに、別の呪いについても指摘する。

「ところで姑の家の近くに森はあるかい？」「ええ、あります」「森に行きなさい。近くにひどく軋んでいる木があるはずだ。風もないのに軋んでいる木が。その木の下に、あんたのすべての呪いとすべての不幸がある。行って切り倒しなさい。根元からすっかり。そしたらすべてが良くなるから。普通に生活できるようになるから」私は言うことを聞きませんでした。若かったですし、何も信じてなかったんです。心の中で半分笑っていました。

オーリャばあさんはこんなことも言っていました。「あんたの姑はいろんなことをしたけど、誰よりも自分の息子を害している。あんたは普通に暮らせるようになるだろうけど、息子は苦しむだろう」そのとおりになりました。

呪術など信じていなかったせいで、周囲の助言を無視したという語りは、ナターシャの話に何度も繰りかえされる。これらには深い後悔の念が込められている。のちにばあさんたちの心配どおりの結果になったことにより、呪術の「リアリティ」が徐々に証明されていったからである。

ナターシャはさらに別のばあさんからも、次のような指摘を受けている。ペトロザヴォーツク近郊の村在住のポリーナばあさんで、ナターシャによると、すべてを見通す力があるということである。

ポリーナばあさんは当時、「姑は自分の望み〔離婚させること〕を遂げるだろうが、良い死に方はしないだろうよ」と言っていました。のちに姑は頭が変になりました。頭が変になって、徘徊するようになったのです。魔物に呼ばれていたに違いありません。姑はそこ〔森〕をいつも徘徊していました。いつもそこで見つかりました。

痴呆症状だと思われるが、森は魔物の住む世界とされているので、悪事を働いた姑が仲間の魔物に呼ばれたのだと解釈されている。呪術を知る者はしばしば、魔物との契約をした者であるとみなされた。

姑による呪いはさらに続く。次は食べ物を使った呪いである。

夫は私を愛していました。私はそう感じていましたし、彼は今でもそう言います。でもオーリャばあさんは、「夫はあんたを愛してる、でも憎むようされている」と言っていました。そのとおりでした。

私の誕生日のことです。当時、娘はまだ赤ん坊でした。姑はそれまで、誕生日に何かくれたことなどなかったのに、その年は砂糖漬けのクラウドベリーを夫の姉妹に持たせてよこしました。私は料理を用意しました。当時、まだ寮に住んでいました。

さて、みんなで飲んだり食べたりしたのですが、夫の姉妹たちは誰も、そのクラウドベリーに手をつけようとしません。その頃には私も、ちょっとは頭を働かせるようになっていました。勧められましたが、「今はほしくないわ」と言っておきました。彼女らが食べないなら、私も食べません。ところが夫は食べてしまったのです。それでどうなったと思います？ 夫の目がだんだん異常に、気違いみたいになって、いきなりテーブルをつかんだかと思うと、バーンとひっくり返しました。獣みたいになってしまったのです。夫は皿から鏡から食器棚からすべて破壊しつくし、一緒に撮った写真も全部破り捨ててしまいました。

私は長男を連れて廊下に逃げだしました。でも娘は家の中です。夫の姉妹はすぐに帰っていったので、私たちだけが取り残されました。なぜこんな風に野獣化してしまったのでしょう？ 私は殴られて、寮の廊下の端から端まで吹っ飛ばされました。痩せていて、たったの四〇キロしかありませんでしたから。男の人が廊下に出てきてくれたのですが、夫を押さえることができません。私は裸足で逃げました。私は夫に追いかけられて、寮の周りを逃げまわりました。どうしても娘に近づけません。その後、どうにかしてドアを壊してもらって、娘を連れだしました。夫は二階の窓から飛び降りて、どこかへ行ってしまいました。

後でオーリャばあさんに言われました。「食べてはいけなかったのに」と。でもどうしろって言うんでしょう？　「食べるな」なんて言えるわけがありません。私だって知らなかったんですから。

夫の姉妹らが食べ物を使って、ナターシャ夫妻の仲を引き裂く呪術をおこなったことが語られている。愛を冷まし仲違いさせる呪文には、例えば以下のようなものがある。革命前に採集されたものである。

神の僕なる我△△は、祈りをあげずに立ち上がり、家から扉を抜けずに、玄関から門をくぐらずに、十字を切らずにおもてに出る。広い野に出で、青い海辺に出で、転がっている丸太の上に立ち、見る、見渡す、北の方角を。北の方角には氷の島があり、氷の島には氷の家が立ち、氷の家には氷の壁、氷の床、氷の天井、氷の扉、氷の窓、氷のガラス、氷のペチカ、氷の食卓、氷の椅子、氷のベッド、氷の布団があり、そこに氷の王が座っている。その氷の家の、その氷のペチカには、ポーランド猫と舶来犬がそっぽを向いて座っている。そのポーランド猫とその舶来犬は、顔を合わせれば血が流れるまで引っかきあい、咬みあう。このように、神の僕なる○○が、どんな時も、どんな瞬間も、見つめあうことも、視線をかわすこともありませんように。おお、氷の王よ、冷やすな、凍らせるな、川を、湖を、青い海を！　冷やせ、凍らせよ、神の僕なる△△と神の僕なる○○の熱き胸を、二人がともに食べることも、飲むことも、見つめあうことも、相手を想うことも、考えることもできなくなりますように。神の僕なる△△が神の僕なる○○にとって、また神の僕なる○○が神の僕なる△△にとって、森の獣より恐ろしく、地を這う蛇より冷酷に感じられますように。アーメン、アーメン、アーメン。〈唱えた後、三度唾を吐く〉［Vinogradov 1907：No. 32］

愛を冷ますこととの連想で、氷について何度も言及されている点が特徴的である。この種の呪術のせいで、夫の愛は冷めてしまった。引っかきあい、咬みつきあうという犬と猫との不仲と、ナターシャの夫が突然凶暴化したイメージを重ねあわせることも可能である。

なお、愛の呪術に関しては、心というよりは行動をつよく支配するという観念もある。呪術により、自分の意志に反する行為をしてしまうと信じられるのである。愛させる呪術をかけられたため、本当は愛していないのに相手に引き寄せられてしまう、あるいは愛を冷ます呪術をかけられたため、本当は愛しているのに一緒にいることができない、などと語られる。以下のナターシャの話は、そのような呪術観を背景とした語りになっている。

私は離婚届を出しました。もうこれ以上苦しめませんでした。でもどうやって生活すればいいんでしょう？　私は保母として働こうと思いました。何とかして生活しないといけません。夫は一週間、帰ってきませんでした。一週間後に帰ってくると、冷蔵庫の食べ物もお金も全部持っていってしまいました。

夫はいつも私に言っていました。「お前を愛している、お前が誰のものにもならないように、お前を殺して自分も死ぬ」って。こんな状態でしたから、怖かったです。夫が帰ってきたらどうしようと思いました。机でドアをおさえ、枕の下には金槌まで置いていました。

夫は言いました。「自分は何をするかわからない、これは魔女〔姑〕のせいなんだ。ナターシャ、これはみんなあいつのやったことなんだ。お前には言うまいと思っていたが、実家に帰った時、赤ワインを飲まされた。その瓶には塩か砂糖か、何かが底に溜まっていた。それを飲んでしまったんだ。お袋が、こういうのが店に売ってるって言うから」

姑はいつも、夫を私から引き離そうとしていました。夫も苦しみました。彼が出ていった時、私は彼を失うことに恐怖しました。もう生きていられないと思いました。そんな時にあなたがナジェージダのことを教えてくださったのには、本当に感謝しています。彼女は私を助けてくれました。もし助けてくれる人がいなかったら、あの世に行っているところでした。私にも夫に対する「渇きの呪術」がかけられていたようです。

ナターシャを助けてくれたナジェージダとは、四十代半ばの女性超能力者である。ペトロザヴォーツク在住のカレリア人である彼女は、私の共同調査者イリイチの友人であり、彼がナターシャに紹介したのである。ナジェージダはリラクゼーション音楽をクライアントに聞かせながら、手から発するエネルギーで治療する。彼女については第五章でとりあげる。

ナジェージダが解決してくれた「渇きの呪術」とは、愛の呪術であると同時に死の呪術でもある。これをかけられると、愛するよう仕向けられた者を渇望し、いてもたってもいられなくなる、あるいは日に日に干上がるように生命力を失っていく。愛する者と一緒にならなければ、死に至ることさえあると考えられている。

ナターシャは、さらに別の人からも不幸をまねく呪いをかけられたと語る。妬《ねた》みがその原因らしい。

さて、夫と一緒に寮を出て引っ越してからのことです、家畜を飼うようになったのですが、それで妬まれることになりました。みんな、私たちの暮らしがとてもいいと思ったのです。私はいつも明るかったですし、子どもの躾も行き届いて、すべてがうまくいっていたからです。どれだけ邪視されたかわかりません。

私たちは家が持てるようになったのをとても喜びました。もう寮住まいでなく、広くて……といっても2DKでしたが。新居祝いをしました。ちょうどその時、新しいクラブがオープンしたばかりだったので、その女性〔新居祝いの招待客のひとり〕が言いました。「みんなでクラブに行ってらっしゃい」彼女に留守番を頼んで、若いので連れだってクラブへ行きました。その日は十月革命記念日でした。私たちが戻った時、彼女は奥の部屋で寝ていました。子どもたちは眠らずに走りまわっていました。彼女はソファーを部屋の隅に移動させていました。まるで棺桶を置くみたいに。棺桶は部屋の隅に置きますよね。そのソファーで寝ているのです。

次の朝、夫と掃除を始めました。すると何があったと思います? 家には白いタオルがあったのですが、それに結び目が作られて部屋の四隅に置いてあるじゃないですか。タオルをほどくべきか、ほどかざるべきかわかりません。私はがっくりして泣きだしてしまいました。タオルを集めて大きい方の部屋でほどきました。私たちはそこでは〔普通には〕暮らせませんでした。この家では朝の五時に〔何者かに〕揺さぶられて、家から飛びだしたことだってあります。

のちにひとりのザオネージエ〔オネガ湖北部〕出身の女性教師が、たぶん私を憐れんでくれたのでしょう、助けてくれました。彼女は私に、ウオッカを一本買ってくるよう言いました。それをザオネージエに持っていって、何かしたようです。ウオッカを家の四隅に注ぐよう言われました。ウオッカには呪文が込められていました。彼女が言うには、タオルの結び目は家のヌシ《ドモヴォイ》を苛立たせるためだったとのことです。結び目で壁を叩いて家のヌシを苛立たせ、家のヌシが私たちの暮らしを邪魔するよう仕向けていたのです。

I・ビリービン画「家のヌシ《ドモヴォイ》」（1934年）

ここで話題になっている家のヌシとは、各家に住むと信じられた精霊である。革命前の資料によると、家のヌシは、髭《ひげ》をもうもうと生やした小さな老人である[Maksimov 1903：35-36]。家のヌシは、その家に住む人びとの守り手であり、新しい家に引っ越した場合は、その家に住まわせ、守護してくれるよう彼に請わなければならない。かつて、引越しの際は必ず家のヌシを新しい家に招いた[Zabylin 1990（1880）：247]。その際に必要な言葉は以下のようなものである。

ヌシの方にお辞儀致します、我らの新しい家においでください。新しい家にはあなたのための暖かい場所がございます、ささやかなご馳走もご用意しました[Maikov 1869：575]。

引越しの際には、新しい家の地下にパンを丸ごと一斤、塩、ミルクをコップ一杯置いたあと、夜中にシャツ一枚で古い家に行き、右記のように唱えたという。馬などの家畜の生育をはじめとして、家政がうまくいくかどうかは家のヌシの意向にかかっており [Zabylin 1990 (1880): 246]、彼に嫌われると人はその家に住むことさえできないとされた。先のナターシャの語りは、このような家のヌシ信仰と重なりあっている。彼女は早朝に何者かに揺さぶられるなど、家の中で起こった理解不能な出来事について語っているが、これらはすべて、家のヌシの機嫌を損ねてしまったせいだと考えているのである。ナターシャの受難はさらに続く。

私たちの間には以前から亀裂が入っていたのですが、夫はみずから出ていったのではありません。また〔呪いが〕かけられていたのです。前の家では姑にやられましたが、そこでは誰か私をとても妬む人がいたのです。

夫は遊び歩いていました。彼女〔夫の愛人〕も色んなことをたくさん知っている女で、そういうことをしていたようです。たとえば私が家に帰ると、剃刀が錠前とドアの取っ手に挿してあるんです。かと思えば何かが撒かれていたり。

夫が出ていった春のことです。畑の〔垣根の〕杭が雪の中から引き抜かれて、湿っているほうを上にして、うちのドアに立てかけられていたんです。ぞっとしました。私は触りませんでした。そこへ夫が仕事から帰ってきて、ぶつぶつ言いながら杭を捨てました。まもなく夫は家を出ていきました。

ロシアの伝統において杭を打ちこむことは、留まらせておくという意味合いをもつ象徴的行為である［SD：II, 528］。そこから考えると、杭を引き抜くことは、夫が立ち去ることをうながす類感的な呪術であろう。素手で呪物を触るのは非常に危険であるとされる。ナターシャは恐れて杭を触らなかったが、夫は捨てる際に素手で触った。そのせいで夫に呪いがかかり、家を出ていくことになったと考えられている。

その春は悪いことばかり起こりました。六年前のことです。職場ではリストラにあい、病気にもなりました。腕がこんなふうに〔力が入らずだらりとした感じに〕なってしまったんです。この時はヴェーラばあさんが私にオイルを作ってくれました。敗血症で息子が死にかけた時に〔呪文を唱えた〕水をくれた人です。ばあさんは言いました。「このオイルを〔患部に〕すり込んで犬に舐《な》めさせなさい。野良犬に。もし犬が死んだら呪いだったってことだ」隣の犬が死にました。かわいそうなことをしました。でも私の腕は良くなりました。やはり呪いだったのです。

これは「犬の老い」とよばれる呪いである。急速に生命力をなくし、老いさらばえていくような症状を発するとされる。この時の病気は治ったが、さまざまな不幸に見舞われる中で、ナターシャは自分が自殺するのではないかと恐れはじめる。

夫が出ていった時、もう生きていられないと思いました。私は首吊り紐に引き寄せられました。そんなことをしたいわけではないのに、「やってしまえ」と〔魔物が〕ささやくんです。紐に引き寄せられる時には、枝箒《ヴェーニク》を輪の部分に差しこむとよいといいます。私はそうせずにみずから戦う努力をしましたが、首吊り紐に枝箒を差し入れるというのは、箒を自分の身代わりにするということである。枝箒を差し入れると、魔物は首を得たと勘違いする。こうして魔物を騙すことにより、もう魔物に呼ばれることがなく、自殺もせずにすむとされるのである。ナターシャは自殺こそしなかったが、苦しみつづけることになる。

でも夫なしには生きていけませんでした。私は自分の居場所が見つけられませんでした。家からは追い立てられるようでした。どこへ行ったらいいのかわかりません。夜は街にいる妹のところに行って寝かせてもらいました。自分の家では眠ることさえできません。村に帰れば何ともないのですが。でもしばらくすると、どこにいても耐えられなくなりました。生きるに生きられず、死ぬに死ねないという状態でした。うちに来た人はみんな言いました。「ナターシャ、あんたの家は死臭がするわ」って。

ポリーナばあさんがうちに来てくれた時には、私の苦しみはもう限界でした。彼女は言いました。「こんな家に住めるはずがない。だって死体が転がってるじゃないか！」ばあさんは何か唱えて円を描いて歩き、言いました。「床を洗いなさい、死者のいたところから外へ流してしまいなさい」私はそのとおりにしました。四隅からドアに向かって、みんな出ていくように洗うのです。

ポリーナばあさんはのちに言いました。「あの時、あんたはもう半分あの世に行ってたよ。もしあの時私のところに来てなかったら、もうとっくにあの世だろうね」まだ夫が家を出ていってしまう前から、夫はちょくちょくあの酒飲み〔夫の愛人〕と会っていました。ふたりは私をこの世から消すことに決めたようです。なぜかというと、彼女〔愛人〕が後になって夢に出てきましたから。しかし夫は愛人を憎んでいました。「名前を聞くのもいやだ」と言っていました。

革命前の資料には、葬式で死者を運び出した後に床を洗う習慣があることが記されている。これは死者が家に戻ってこないようための呪術的行為である［Zelenin 1991（1927）：349］。ナターシャの場合は、床を洗うことによって、家の中にいた目に見えない死者が戻ってこられないようにしたのだと考えることができる。

この時に助けてくれたポリーナばあさんとは、ペトロザヴォーツクの近隣の村に住む呪術師で、非常に強い力をもつことで知られる。彼女については、次章で詳しく紹介したい。

〔初めて訪ねた時〕ポリーナばあさんは私をひどく罵りました。「あんたには頭がついてないのかね？自分を誰と結びつけたんだい？あんたは〔自分で自分を〕滅ぼしたんだ。彼〔夫〕とは子どもを作るんじゃなくて、走って逃げなきゃいけなかったのに！」私はポリーナばあさんに夫の写真を見せました。ばあさんは夫をひどく嫌いました。「〔彼の顔は〕見るに耐えない。ああ、あんたにはどれだけ〔呪いが〕かけられていることか！」ばあさんは私にとても良くしてくれました。息子のことも可愛いがってくれて、何度も助けてくれました。

夫が出ていった時は本当につらかったです。私は息子たちを連れてポリーナばあさんのところに行きました。下の息子はまだ八歳でした。ばあさんは言いました。「あっちのほう〔愛人〕がいいって言うなら、ほっとけばいいじゃないか。それともあんなクズが惜しいのかい？まだ苦しみ足りないとでも言うのかい？」今となればわかりますが、当時はポリーナばあさんにひどく腹を立てました。私を助けてくれなかったからです。いつも夫を取り戻してくれたのに、その時は家庭を取り戻すのを助けてくれなかったのです。ばあさんは言いました。「あちらで恐ろしく強い『渇きの呪術』がかけられている。ベッドと風呂に。もし取り返そうとしたら、夫は耐えきれずに死んでしまうだろう。そしたら彼はあんたのものにも、愛人のものにもならなくなっちまうよ」

「渇きの呪術」とは、先述のように愛の呪術である。愛するよう仕向けられた相手に強く執着し、引き離されると命を落とすこともあるとされる。風呂にこの呪術がかけられているとあるが、これはおそらく、夫の身に着けていた物を風呂小屋の炉の近くに置いて乾かすことによって、夫を相手への愛に渇かせる――すなわち、相手を渇望するように仕向ける呪術だと思われる。革命前に採集された渇きの呪文には、例えば次のようなものがある。風呂小屋または家の中の炉がモチーフとなっている。

主よ、祝福したまえ。父と子と精霊の御名において。アーメン。我は祈りを捧げずに床につき、十字を切らずに起きあがり、戸口からでなく家を出て、門をくぐらず庭を出て、道でも通りでもないところに行く。我は道と通りを通りぬけ、広い野に、青い海の果てに行く。広い野には、青い海の果てには、三つの燃えさかる炉がある、タイルの炉と鉄の炉と鋼の炉が。三つの炉では樫の薪が、ヤニを含んだ薪が燃え、燃えさかっている。このように、神の僕なる○○の熱き胸が神の僕なる△△への想いに燃え、燃えさかり、溶け、とろけますように。神の僕なる○○は、神の僕なる△△なしには生きてゆけませんように、いてもたってもいられませんように、食べることも飲むこともできませんように、一時間もすごせませんように、一時もすごせませんように、一分もすごせませんように。神の僕なる○○にとって神の僕なる△△が、明るい太陽より明るく、輝く月より輝きますように。神の僕なる○○は神の僕なる

△△なしには、クワス〔ライ麦などを発酵させて作るロシアの伝統的清涼飲料〕も飲めませんように、パンを食べることもできませんように、熱い風呂小屋で体を洗うこともできませんように。昼も夜も、いつもいつも、毎時間、毎分、どこにいても、この者が〔△△への愛に〕渴き、衰弱していきますように。この我の言葉に鍵をかけ、錠を下ろす、永久に、アーメン。アーメン。アーメン。[Vinogradov 1907 : No. 37]

この呪文から、愛の呪術をかけられた者のイメージが浮かびあがる。これに類する呪術をかけられたナターシャの夫は、愛人なしには生きていけないのである。

さて、ナターシャが夫の浮気に悩んでいた頃、ナターシャの隣人の息子が殺されるという事件が起こる。ナターシャはポリーナばあさんに犯人探しを頼んだ。ばあさんは犯人のジプシー男性ふたりをつきとめ、彼らに悪いことが起こるように呪いをかけた。しかしナターシャは、そのせいで自分がジプシーに恨まれ、家庭を壊す呪術をかけられていると考えはじめる。以下はそれについての語りである。

私を夫と別れさせようとした人はほかにもいます。たぶんジプシーです。毎年春に〔雪が融けた後〕、私は熊手を持って家の周りを掃除します。自分のところもそうでないところもみんなきれいにします。ところがうちの部屋が面しているところには毎年、どこもかしこも、壁際に割れたガラスが撒き散らされているのです。剃刀も見つかります。寝室の横と窓のところにありました。剃刀は戸口にも置かれていました。どれほどの不幸に見舞われたことでしょう!

夫は三年間、こちらとあちら〔愛人宅〕を行ったり来たりしていました。彼はうちへ帰ってきては、泣いて私に頼むんです。「ナターシャ、助けてくれ。あそこに住みたくないのに足があっちへ行ってしまうんだ。俺がどんなに苦しいかわかるか？　心は家にあるのに足はあっちへ行ってしまうんだよ！」私は泣いてばかりいました。どうしても家に入れませんでした。〔助けてくれる人を〕探しまわり、ありとあらゆる人を訪ねました。ジプシーのところにさえ行きました。仕事も失い、何もかもうまくいきませんでした。

妹が見かねて、あるばあさんのところへ連れていってくれました。ばあさんは、「あんたに道を開いてあげよう。せめて仕事が見つかるように」と言って、私の手にナイフで何かをしました。その後、すぐに仕事が見つかりました。

夫の浮気問題をめぐっては、ナターシャは教会にも相談に行っている。

夫は三年間、〔ナターシャと愛人との間を〕行ったり来たりしていました。最初、私は家庭を守ろうと思いました。子どもには父親が必要ですから。それに私自身、彼なしには生きていけなかったのです。私は夫を探しまわりました。連れ戻すためにです。探しだして、〔帰ってきてくれるよう〕頼みました。夫の前でひざまずいたことさえあります。それなのに彼は、私をまるで犬でも追い払うように、憎々しげに足蹴にしたのです。私をあざ笑い、侮辱しました。

私は教会に行って、司祭様にすべてを話しました。「夫からひどい仕打ちを受けたんですね」「そうです、ひどい仕打ちでした。つらかったです。でも夫なしには生きていけません、耐えられません。夫がいなくては家に入れません」「神はこれ以上あなたが耐えるのを良しとされなかったのです。あなたを哀れんで、夫から引き離してくださったのです」司祭さまは言いました。「待ちなさい。神が代わりに最良の人を与えてくださるでしょう」私は尋ねます。「ではどうして、これほどの痛みに耐えなければならなかったのですか?」「これらすべてを耐えるように定められていたのです」私は時々、教会に通いました。とくに悪いことが起こる時にはです。うまくいっている時には忘れてしまうのですが。

夫の浮気によりナターシャが離婚したのは、末の息子が八歳の時である。以後、彼女は三人の子どもたちと暮らしながら、新たな配偶者を得て幸せになりたいと願いつづけてきた。しかし、いつも何かに邪魔されているような、どうしても乗り越えられないものに遮られているような感じがしてうまくいかないという。ナターシャによると、これは「孤独の呪い」のせいらしい。

「孤独の呪い」は、まだ誰も私から取りのぞいてくれません。いったいどれだけ色んな人のところに通ったことでしょう? 私が行かなかったところはありません。夫は後になって、「孤独の呪い」をかけたのは自分だと告白しました。「許してくれ。C村のばあさん〔ひどく邪悪だと評判の呪術師〕のところに行って、おまえが俺以外の誰にも必要とされないようにしたんだ」まさにそのとおりでした。彼は言いました。「いつか再婚できるなんて思うな。俺はおまえが一生孤独でいるようにしてやったんだ。そのために必要だったのはな、ナターシャ、砂糖二かけらと人参の葉っぱ、それだけさ」いったい、それでどうやったのかわかりません。

水のヌシについて語る呪術師ゾーヤ。

ナターシャは不幸の解決のために、ペトロザヴォーツク近郊の村に住むゾーヤばあさんのところにも行っている。このばあさんは水を見ると、体のどこが悪いのか、呪いがあるかどうかなど、すべてがわかるという人物である。ばあさんは時おり窓辺に立ち、外に向って手を振る。これは、彼女の唱える呪文によって現われた水のヌシ《ヴォジャノイ》に手を振っているとのことである。

D村のゾーヤばあさんのところに行きました。ばあさんは水を汲んで見ました。とたんに顔色を変えて、何ともいえない表情をしました。「ゾーヤばあさん、私に何か悪いものがあるのですか？」彼女は「ああ、何てこと、何てこと！」と言うばかりです。お祈りまで始めて、それから言いました。「何とまあ、あんたには恐ろしい呪いがかけられている！」「孤独の呪いですね。知っています」「でも心配しなさんな。ひとりになることはないから。あんたのそばには誰かが立ってる。でも呪いは強いね。あんまり強くて、あんたの娘に落ちている」娘は私のせいで別れてしまったのです。ばあさんはさらに言いました。「娘に落ちた孤独は、息子にまで行ってしまった」

ナターシャの娘は結婚したが数年で離婚し、その後まったく男性が寄りつかなくなったため、自暴自棄気味だとのことである。また長男も結婚し、子どもにも恵まれたが、やはり数年で離婚している。

私は、「解くことはできますか?」と尋ねました。でもばあさんは何も言いませんでした。「あとで」と言ったきりでした。私は言いました。「何か不穏なものを感じるのです。何かを感じるんです。うちではすべてが壊れていくし、すべてがうちから出ていく。何もかもうちから出ていくんです。いくら働いてもお金はいつもないし、私は病気ばかりです」するとばあさんは言いました。「まだ言うつもりはなかったんだけどね、あんたのうちは蟲《むし》だらけだよ。あとで箒《ほうき》を持ってきなさい。家族みんなの靴に塩をひとつまみずつ入れなさい。そしたら私が解いてあげよう」

蟲は夫が最後にここに住んでいた頃には、もういたようです。家に入ると、何かくすぐったい感じがしていたのです。今考えると、大量の蟲がウジャウジャと体を這っていたに違いありません。いったい誰がこんなことをしたんでしょう? ゾーヤばあさんはとても良くしてくれました。「私が生きている間はここに来なさい。娘さんがうまくいくようにしてあげよう」と言ってくれました。

## 妹の不幸——世代を超えて伝わった呪《のろ》い

先の語りでは、夫によってナターシャにかけられた呪いが、娘、息子へと移っていったことが語られた。以下ではさらに、別の呪いの移動が語られている。ナターシャの最初の話を思い出していただきたい。カーチャおばさんがナターシャの祖母にかけようとした呪いが、祖母の息子コーリャにかかり、コーリャが溺死した。コーリャの死後、この呪いはナターシャの妹に移ったという。

私の妹の呪いも〔ゾーヤばあさんに〕取ってもらいました。溺死したコーリャから妹に移ったのでしょう。呪われた人が死ぬと、呪いは移る先を探しますから。妹は最近再婚しました。妹の最初の夫は溺死しました。兄弟のイワンと溺れたんです。四年前のことです。ふたりは実家の母親のところに、三位一体祭〔復活祭の五十日後におこなわれるロシア正教の祝日〕の前夜に帰っていました。この夜は決して誰も湖には出ません。ところが彼らは行ったのです。漁師はみんな陸に上がっていたのに。

私に〔ふたりが帰らないと〕電話がかかってきました。風の強い日でした。たぶん、どこかでエンジンが故障したのでしょう。もうふたりは生きていないだろうという予感がして、背中に冷たいものを感じました。私は〔超能力者の〕ナジェージダに電話しました。彼女はなかなか答えようとしませんでしたが、言いました。「ふたりはもう生きていません」「見つかりますか?」「ええ、見つかります。でも時間がかかるでしょう。見つかるといっても……これ以上何も聞かないでください。何も答えられません」みんな探しに探しましたが、見つかりませんでした。あらゆることをしました。私の職場の准医師は、聖像画を湖に沈めるのがいいと言いました。母親は毎朝、湖に紅茶を運びました。どれもこれも試しました。でもどうしても見つかりませんでした。

ところでA村にノンナというばあさんがいるのですが、知ってますか? 良いばあさんです。じいさんと暮らしていて、もうかなりの歳です。人のためにたくさん良いことをしています。私は妹と、ノンナばあさんのところに行きました。彼女は「縄を用意しなさい」と言いました。妹は、「怖い、そんなことできない。私に悪いことが起こるかもしれない」と言います。私だってもちろん怖いです。ばあさんは言いました。「怖がることはない。悪いことにはならないから。ただ誰にも言わないように。すべてが終わったら言ってもいいけれど」ほかにも何かしてくれていたのかもしれません。ばあさんは言いました。「ふたりは魔物に閉じこめられている。縄を用意して、人が通らないところに立っている木を選びなさい。誰かが縄を解くことがないように。さもないとあんたに悪いことが起こるよ。縄を木に巻いて結び目を作りながら、こう言いなさい。『我は最も偉大なる、最も崇高なる悪魔の睾丸《タマ》を縛る、縛りあげる。△△を××で見つけよ、彼を返せ』」

ここでの魔物とは、湖に住む水のヌシのことであろう。右のような行為をすると、睾丸を縛りあげられた魔物が痛がって、閉じこめている者を仕方なく解放すると考えられているのである。

すぐに行って、そのとおりにしました。私は心の中で言いました。「主《しゅ》よ、もし私がしているのが悪いことだとしてもお許しください、お救いください。一度にふたりの息子を亡くして苦しんでいる母親がいるのです」結び目は一日一つです。もし見つからなかったら、二日目に二つめの結び目を作って唱え、三日目に三つめの結び目を作ります。怖かったです。でも私は、みんながかわいそうだったのです。もし私に悪いことが起こるなら起これぱいい、他の人が楽になるなら、と思いました。ばあさんには、「彼〔死者〕は岸のすぐそばにいて、あんたたちみんなを見ている」と言われていたのですが、その通りでした。三回これをした後すぐに、妹の夫は見つかりました。

つまり遺体は、何度もすでに探した岸辺で見つかったということである。この世と別の世界との境が「閉じられて」いると、近くにあっても見えない。ナターシャが呪術をおこなうことによって初めて境が開かれ、遺体が人びとの目に見えるようになったのである。ともに溺死したイワン（妹の夫の兄弟）の遺体をめぐっては、次のような奇跡が起きたという。

私はイワンのためにも〔睾丸を縛りあげる呪術を〕しましたが、いくらやってもだめでした。イワンが見つかったのは一カ月後のことです。母親が見つけて引き上げました。もう疲れてみんな探すのをやめていました。見つかったのは聖イワンの日〔六月二四日〕でした。聖イワンの日に岸に流れ着いたのです。

ロシア人の名前は普通、ロシア正教の聖人の名からとられ、その聖人がその人の守護聖人になる。教会カレンダーでは、各聖人の祝日が定められている。ここでは、溺れたイワンの守護聖人である聖イワンが、魔物から遺体を取り戻してくれたと語られているのである。

## 4　隠されていた「真実」の発見

ナターシャの語りはまだ続くのだが、ここまでとしたい。私たちが彼女の家を出たのは深夜十二時を過ぎてからだった。祖母の代から始まり、ナターシャ一家を不幸にした呪《のろ》いの話であった。ナターシャは今も「孤独の呪い」に怯えている。呪いの連鎖を断ち切り、子孫にまで呪いが伝わるのを防ごうと、その方法を知る人を探しまわっている。最後に、ナターシャの語りからわかることをまとめておきたい。

この事例で示されたように、ロシアには今でも、ソ連時代の無神論プロパガンダなどものともせずに、呪術の効力を当たり前のものとして信じつづけた人びとが一部で存在しつづけている。このような人びとは、何らかの災いのために解決しがたい状態に陥っている人を見ると、「呪術師に相談してみたら？」、「私が〔呪術で〕助けてあげよう」などと声をかけてくる。これがきっかけとなって、呪術の世界がひらけていくのである。

ただし、呪術を信じない者にとって、災いの原因、あるいはその解決法が周囲の者によって語られただけでは、呪術の世界に入っていく十分な動機とはならない。そのような言葉は「迷信」として聞き流されてしまう。ナターシャは、夫の愛をつなぎとめるために夜に墓に行こうと言われた時も、軋《きし》む木に呪いがかけられているから切り倒すよう言われた時も、耳を傾けていない。呪術で解決できるというようなことは信じておらず、心の中で半分笑っていたからと言っている。

一方、呪術の「リアリティ」を疑いつつも、周囲の促しによって問題解決のための呪術的手段が実際に試された場合、呪術の世界への一歩がひらける。浜本の言葉を借りて説明すれば、呪術行為とはある種の賭け、投機、ギャンブルである。勝率がどんなに低くても、賭け金が小さければ、その賭けはそれなりに魅力的なものになる〔浜本　二〇〇七：一四二〕。こうして半信半疑でおこなわれた行為は、その後に起こった出来事に対し、「物語の網」をかける。偶然起こった出来事はそう願った方向へと解釈され、呪術をおこなった当の本人によって、問題解決の物語が紡ぎだされていく〔浜本　一九八五：一二一―一二二〕。長男が幼い頃に重病にかかり、医者に見離された時も、ひどい頭痛に悩まされていた時も、ナターシャは周囲の働きかけにより、呪術的治療を試している。藁にもすがる思いで試された呪術行為、あるいは親切心からの周囲の提案を断りきれなかったためにおこなわれた呪術行為が偶然の治癒と結びあわされ、呪術の「リアリティ」を証明する物語が生成されているのである。

問題解決における呪術の「成功」は、災いの原因としての呪術の「リアリティ」をも確信させる方向へ向かう。ナターシャは、人を不幸に陥れる呪いが迷信などではないことを「知り」、恐怖にとらわれるようになる。この時点になって、以前に迷信として聞き流していたさまざまな解釈、周囲で交わされていた呪術についての会話が想起され、次々と結びついていく。こうして、祖母の代にまでさかのぼる呪いの物語が構築されていったのであろう。

こうした災いの原因の物語というのは、いったん完結したようにみえていても、ふたたび人びとの予見を方向づけたり、他の出来事と結びあわされたりして、次々と新たな物語を生みだしていくものである［小田　一九八六：一七八］。たとえば祖母にかけられ、コーリャが代わりに湖で死ぬことで終わったかにみえた呪いの物語は、数十年の時を経て突如として、妹の夫とその兄弟の死という出来事と結びあわされ、さらなる展開をみせた。今回提示したものは、二〇〇二年八月現在のナターシャから見た自らの人生である。今後の出来事、あるいは新たな解釈者の登場によって、新たな因果関係が発見され、過去はふたたび書き換えられてゆくのだろう。

ナターシャは呪いという災因の存在を「知り」、自分に呪いをかけた者への恨みを語った。しかし、同時に彼女がやりきれなさを込めて語るのは、かつての無神論政策である。彼女は、「当時こんなことは信じられていませんでした。こういうことは隠されていたのです」と語っている。また、「私は馬鹿なことをたくさんしてしまいました。以前はこういうこと〔呪術〕は信じられていませんでしたから。でも、どうして私たちはこうなんでしょう？」とも言い、無神論プロパガンダを鵜呑みにして、呪術など迷信であると考えていた過去の自分を責めている。現在のナターシャにとっては、子どもの命が助かったなどの実体験と自らの不幸により、呪術の「リアリティ」は証明済みである。そのため、彼女の怒りは呪術をかけた者のみならず、重大な「事実」を「隠して」いたソビエト政権にも向けられていくのである。

呪術とソビエト政権をめぐる評価についてナターシャの考えを解釈すれば、以下のようになる。ソ連時代、呪術は禁じられていたが、邪悪な目的でそれをおこなう者は存在しつづけた。しかし、呪術は「迷信」であるという「間違った」知識を教えこまれたため、邪悪な呪術に気づくことができず、不幸に突き落とされた。もしも呪術の「リアリティ」が「隠されて」いなければ、自分は姑に呪いをかけられて病気になることも、夫と離婚することもなかったはずである。またもし仮に呪いをかけられたとしても、呪術を知る者のところへ行って速やかに対処していたはずである。呪術の「リアリティ」を知った今、ナターシャは過去をふり返って無念の涙を流している。彼女の無念は、呪術で不幸を説明する者、呪術的解決を提案する者が子ども時代から周囲に多数存在したことにより、深まっている。もっと早く呪術の「リアリティ」に気づく機会は、いくらでもあったはずだからである。

ソ連時代は厳しい情報統制が敷かれた時代であった。政権に都合の悪い情報は隠され、操作されていたことは、今では誰もが知る事実である。一九八〇年代後半のペレストロイカ期以降、情報統制がゆるんだことによって言論の自由の幅が広がり、スターリン時代の大粛清その他、かつて隠されていたさまざまな事実が明るみにでた。そして歴史解釈をめぐって、活発な論争が交わされるようになった。このような時代状況が、ナターシャに呪術の「リアリティ」を、ソビエト政権によって「隠されていた真実」であると認識させる素地となっている。呪術の否定はソビエト政権によっておこなわれた近代化政策のひとつである。しかしナターシャは自らの経験を通じて、これもまた旧政権によってなされた「間違い」、隠されていた「真実」のひとつとして発見したのである。

# 第二章　世代を超えて伝えられた秘儀

呪術は本当に効くのか？　呪《のろ》いは実在するのか？　こんなことが話題になる時に、呪術の「リアリティ」を擁護するために言われるのが、次のような言葉である。

もし効かないんだったら、こんなものが伝えられてきたはずがないじゃないか。効くからこそ、ずっと伝えられてきたんだ。

この発言からは、呪術が迷信とされたこと、かつ発話者自らにとっても呪術が不可解なものにみえることがうかがわれる。不可解で非論理的にみえるにもかかわらず、呪術知識が幾世代にもわたって受け継がれ、消滅せずに存在していることそのものが、呪術の「リアリティ」の根拠である――このような確信が表明されているのである。では呪術師たちの知識はどのようにあつかわれ、どのように伝えられてきたのだろうか。また呪術知識とはどのような性質を持つものとして想像されているのだろうか。本章では、ナターシャの住む北ロシアで出会った四人の呪術師を紹介したい。

## 1　北ロシアで呪術師を探す

私は共同調査者イリイチとともに、ペトロザヴォーツクを拠点にして、北ロシア各地の呪術師を尋ねた。その際、おもな情報源となったのは噂である。呪術師たちは、「○○村にすごいばあさんがいる」というようなかたちで、街の人びとの噂にのぼるのである。

ペトロザヴォーツクの街中や周辺村落に住む呪術師たちを訪ねる時は、イリイチの小さな車が私たちの足になる。このツードアの車の座席に座ると、イリイチはいつも「神様とともに！」と言いながらエンジンをかけ、猛スピードで目的地へ飛ばす。ロシアの道は、凍ったり溶けたりという厳しい気候にさらされ、アスファルトがすぐに傷んでしまうため、たいていでこぼこである。穴にはまっては、車はガキッ、バキッと音を立て、私たちは天上に頭をぶつけることになる。時々、車がヘソをまげると、休憩して雪の塊でエンジンを冷やさなければならない。

さらに遠いところに住む呪術師たちのところへは、列車や船で行った。しかし、こちらではすべてがのんびりして遅れがちである。最初の列車が遅れたために、乗り継ぎの列車に間に合わず、駅で一晩過ごしたこともある。湖の対岸に渡るために船を待ちつづけ、丸一日、岸で時間をつぶしたこともある。この時は、船長が前日の夜から酒場で酔いつぶれ、仕事に出てこなかったことがあとからわかった。私はしばらく北ロシアにいるうちに、列車が一時間しか遅れなかった、というようなことでも喜べるようになった。

呪術師について私たちが事前に入手する情報は、たいていひどくあいまいだった。「○○村のすごいばあさん」というだけで、まったく名前も知らずに出かけていくことさえあった。しかし村に着いて尋ねると誰でも知っていて、すぐに家を見つけることができた。

私たちはインフォーマントの前では、「呪術師」という言葉をあまり使わないようにしていた。悪魔とのつながりをもっている者というニュアンスで解釈されて、誰かの機嫌を損ねることは避けたかったからである。村人には、「治療しているばあさんを知りませんか？」という具合に尋ねた。治療の呪術は一般に、神の力を借りておこなう業という観念が強く、侮辱となる心配が少ないからである。インタヴューを切りだす時にも、「あなたは治療をなさると聞いたのですが、それについてお話していただけませんでしょうか」という具合に始め、とりあえず話の糸口をつかんでから、邪悪な呪術などについても話をつなげていった。あるいはもっと遠くから話を始めることもあった。「歴史について調べているんです」と言ってライフヒストリーを語ってもらい、途中で子どもに関する話題が出たところで、「子どもが病気の時はどうしましたか？」という具合に、話を呪術のほうへもっていくのである。

私たちは北ロシアで多くの呪術師たちに会ったが、彼らは昔話に出てくる魔法使いのおばあさんのように、特別な服装をしていたり、特別な家に住んだりしているわけではない。そうといわれなければ、当人が呪術師であることはまったくわからないだろう。また、ロシアのいわゆる伝統的な呪術師は、専業で呪術をおこなっているわけではない。他の人びとと同じく、若い頃はソ連時代の集団農場《コルホーズ》や国営農場《ソフホーズ》などで働き、年をとってからは年金と家庭菜園で採れる作物でつつましく生活している、というのが一般的である。彼らは誰かに助けを求められれば、自分のもつ知識でできるだけのことをする。多くはお金での謝礼は受けとらず、キャンディー一〇〇グラムや紅茶一パックのようなささやかな謝礼を受けとるのみである。呪術的な力は神様からの贈り物であるため、お金は取るべきではない、お金を取ると力が失われると彼女らは語る。次節以下では、こんな呪術師たちの活動を具体的に紹介したい。

## 2　ポリーナの場合

一人めの呪術師は、ポリーナばあさんである。彼女は、不幸が続くナターシャの家に目に見えない死体があることを言い当て、追い出す方法を教えてくれた人物でもある。ポリーナは一九二二年にコストロマ（ヨーロッパ・ロシア中央部のコストロマ州の州都）で生まれた。二〇〇二年の調査当時、八十歳であった。かつては集団農場でトラクター運転手として働いていたが、現在は年金生活者である。冬はペトロザヴォーツクに住む子どもの家に住み、夏は近郊の村の一軒家にひとりで住んでいる。私たちが会ったのは夏の家である。クライアントを招き入れて治療をおこなう部屋は、日当たりが良くて気持ちよく、たくさんの聖像画が置かれているのが印象的であった。

この日，私が訪れることも知っていたと語る呪術師ポリーナ。

### 真夜中の儀礼

ポリーナは誰からどのように呪術知識を得たのだろうか。以下はそれについての語りである。

私は祖母から呪術知識を受け継ぎました。祖母はその父親から受け継ぎました。私の知識はこのように、代々伝えられてきたものです。祖母が私に〔呪術知識を〕くれた時、ちょっと心臓が悪かったのですが、彼女はまだしっかりしていました。祖母は私たちの家の近くに独りで住んでいました。祖母の部屋は聖像画でいっぱいで、ふたつの灯明がいつも灯されていました。ここでも灯明をあげたいと思いますが、火事が怖いので灯しません。街にいる時は、復活祭の日に灯明をともします。

呪術知識とは伝統的に、少数の限られた人間にのみ伝えることができる知識である。祖父母から男孫・女孫へ、父母から息子・娘へ、叔父・叔母から甥・姪へ、舅・姑から嫁へのように、血縁者や姻族に渡される場合が多い。また、親戚関係にない者の間で譲渡されることもある。私がインタヴューした限りにおいては、性別に関する規定はみられなかった。

一般に、呪術知識を受け継ぐ際には、ある種の儀礼がおこなわれる。この儀礼はかなり手の込んだものである場合もあれば、非常に簡単なもの（呪文を書いたノートをわたしたり、ポンと相手の体に触れるだけなど）である場合もある。以下で示すポリーナへの知識譲渡の儀礼は、一晩のうちに三つの場所でおこなわれており、私が直接聞いたうちでは最も手の込んだ儀礼である。

当時、私は十八歳でした。祖母に「今夜十二時にライ麦畑に行こう」と言われ、連れていかれました。ライ麦畑で祖母は私に、転ばないように後ろ向きに歩きながら、右手でライ麦の穂を摑《つか》むよう言いました。私は祖母に教えられたお祈りを唱えながら後ろ向きに歩き、すぐさま一度に二本の穂を摑みました。

それを見て祖母は言いました。「私がおまえにすべきことはもう何もない。おまえの手はすぐに捕まえるようになるだろう、おまえの手には大きな力がある。主《しゅ》がすべてをおまえに見せてくださるだろう」

その後、花が咲いているクローバー畑に行って、そこでも同じことをしました。

後ろ向きに歩くとあるが、これはこの世とは別の世界とつながろうとする儀礼で頻繁にみられる行為である。この儀礼の要点は、呪術を与えられるべき者が、手元を見ずにライ麦を摑むことにある。ポリーナの話から察するに、もし何度も空振りした末にライ麦を摑んだなら、その人にはあまり呪術的才能がない、あるいは呪術的力を発揮するまでに長い時間がかかると判断されるのだろう。ポリーナは自分がすぐにライ麦の穂を摑んだこと、さらにそれが一本でなく二本だったことを語っている。これは、ポリーナがたぐい稀なる力の持ち主であることを示している。

ライ麦畑、クローバー畑に続く儀礼として、ポリーナは風呂小屋での儀礼を語った。ロシアの農村の風呂は、焼いた石に水をかけて蒸気を浴びる蒸し風呂であり、居住スペースとは別個に建てられている。水が必要なので、川べりに建っていることが多い。革命前の資料においても風呂小屋は、呪術の譲渡儀礼が最も頻繁におこなわれるとされる場所である。風呂小屋には風呂小屋のヌシ《バンニク》とよばれる精霊が住むという信仰があり、他の精霊同様、人に親切にしてくれることもあれば、ひどい仕打ちをすることもあるとされる。特に真夜中に風呂小屋に行くことは、風呂小屋のヌシに殺される可能性があり、非常に危険と考えられた。真夜中に風呂小屋へ行くのは、呪術をおこなう者か、呪術知識を譲渡される者のみである。以下のポリーナの話に登場する小男は、風呂小屋のヌシのことであろうと思われる。

さらに風呂小屋にも行ったのですが、その時にはもう夜中の一二時半になっていました。祖母は私を、下着を付けていない状態で風呂小屋の敷居に座らせ、言いました。「小男がおまえの前に姿を現すけれど、怖がらないように」すぐに、私の目の前を小男がちらりと現れ、手で私の周囲に鍵をかけるような所作をしました。

風呂小屋から出ると、聖母マリア様が現れ、私の周りに三度、ぐるりと仕切りを作るような所作をし、姿を消しました。祖母は言いました。「ポリーナ、怖くなかったかい?」「ちっとも」

I・ビリービン画「風呂小屋《バンニク》のヌシ」(1934年)

「怖がらないように」「怖くなかったかい?」というようなセリフがあるが、恐怖は呪術の譲渡儀礼に際してしばしば言及される。怖がる者は知識を受けとることができない。恐怖のあまり風呂小屋から出てきてしまい、知識を受けとれなかった、というような語りも存在する [Kuznetsova 1997 : 114-115]。ポリーナはまったく怖がらなかった。ここにも彼女の呪術的才能が示されている。

風呂小屋では小男や聖母マリアがポリーナの周囲で、カギをかけるような所作をしたり仕切りを作るような所作をしたりしたとあるが、これはポリーナを守るためのバリアーのようなものと思われる。他の呪術師や悪意をもつ者から呪《のろ》いをかけられないように、ポリーナの体の周囲に目に見えない強力な守護の壁が作られたのである。

風呂小屋は通常、非キリスト教的な場所、キリスト教以前の異教的な場所とみなされる。なぜなら、風呂では首につけている十字架がはずされるからである。風呂小屋で小男に守護を与えてもらい、風呂を出たところで聖母マリアにも守護を与えてもらったことから、ポリーナの知識が異教の神にもキリスト教の神にも祝福されていることがわかる。仕上げは次の儀礼である。

祖母は言いました。「これで終わりだよ。今からおまえの口に私の唾液を入れるから、飲みなさい」私は祖母の唾液を飲みこみ、祖母の知識をすべて自分のものにしました。

ここまでの話からわかるのは、呪術知識の獲得は、通常の意味での学びとはまったく異なるということである。それは、決められた特別の儀礼を経ることによってのみ得ることができる、特別の知識なのである。

## 神の力で癒す

ポリーナは祖母から、次のような忠告を受けたという。

祖母は私に言いました。「ポリーナ、神さまだけを支えとしなさい。もしも悪魔に手を出すと、悪魔に悩まされることになるだろう」朝に目覚めることも夜に眠りにつくことも、食べることも行くべき道が示されるのも、すべては主《しゅ》の祝福のおかげです。どこへ行くときも十字架を身につけているべきです。

呪力を受けとったポリーナは、人助けをする能力のみならず、悪魔と通じて人を不幸にする呪術をおこなう能力ももっていることがわかる。しかし彼女は祖母の忠告と自らの良心に従い、神の力のみを使って人助けをするという姿勢をつらぬいている。彼女は敬虔な正教徒であり、いつも神とともにあることを感じている。祖母の許には多くの人びとが助けを求めて訪れていたらしいが、ポリーナのところにも同様に、多くの人が訪れることとなった。病をかかえる人びとについて、ポリーナはこう言う。

私には、彼らをどのような祈りで癒せば良いのかがわかります。またそれが単なる病気なのか、それとも呪いによるものかもわかります。相手の体の状態が手に取るようにわかるのです。主が私に示してくださるからです。顔を見ればわかります。

ポリーナが治療に使う祈りとは、例えば「主の祈り」である。これはキリスト教における最も重要な祈りのひとつで、「天にましますわれらの父よ」で始まる。

「主の祈り」はどんな場面にも効きます。森に迷った時も、気分が落ちこむ時にも。床に就く前に唱えると、よく眠れます。悪夢を見ることも、邪悪な念に頭を煩わされることもありません。呪いを祓《はら》うことは非常にしんどく難しい仕事です。ひとつめの祈りが効かなければ、別の祈りを唱えます。それも効かなければ、さらに別の祈りを唱えます。どんな時も祈りを用います。どんな方法でかけられた愛の呪術にはどの祈りか、どのような痛みにはどの祈りかが決まっています。私は七つの祈りをもっています。どれが何に効くか、知っておかなければいけません。もしある祈りが効かなければ、他の祈りを唱えます。

ポリーナが用いるこれらの祈り（キリスト教的モチーフの呪文を含む）は祖母から受け継いだものであり、ノートに書きつけられている。学術研究のためにこのノートを見せてもらえないかと頼んでみたが、返事は「絶対に見せられない」とのことであった。これは、むやみに呪文を教えるとその効力が失われるという、広く知られる観念に依拠しているものと思われる。

## 医者と呪術師

ポリーナは病気と医者について、次のように語っている。

私はあらゆる病気が治せます。手術をしなくてすむようにできるのです。私のところにはガンの人も来ます。乳ガンの女性をどれほど診てきたか。私が治療すると、もう手術の必要はなくなります。医者はガンが治っているのを見て、「あなたはE村〔ポリーナの住む村〕に行ってきたんですね」と言うんですよ。医者たちは、どんな検査をしても治すことができないから助けてやってくれと言って、私のところへ患者をよこします。私はかわいそうに思い、助けます。

医者は丹毒も治すことができません。ひとりの男性が、どこからか私のところへ来たことがあります。

医者は彼の足を切断するつもりでした。丹毒が膝から上に広がりはじめていたからです。私は彼に、三〜四回通ってくるように言いました。三回来たあとに、腫れも赤みも退きました。今ではすっかり回復していています。足はシャンとして、元気に働いていますよ。

その他、様々な病気の人が来ます。ひどい頭痛、腸内寄生虫などです。子どもが夜泣きせずよく育つように、邪視されないようにするために来ることもあります。邪悪な目で見られると、子どもは病気になりますから。

前章のナターシャの語りにおいて、医者に呪術師を勧められるという場面があったが、右の語りも同様のモチーフを含んでいる。ある種の病気は呪術でしか治せないという観念は、一部の医者に確かに共有されているのである。では、ポリーナはどのように病を治すのだろうか。以下は、痛みの取り方についての語りである。

私は痛みを風に放ちます。もしそれがうまくいかなければ、私は患者の写真を水に入れて水に呪文を唱え、夜中の一時におもてに出て、どちらの方向から風が吹いているかを見ます。私は自分にかからないように気をつけながら、この水を流します。こうして痛みが風に乗って去るようにします。すると痛みはもちろん、風に乗って去ります。こうして放つ痛みは、痛みを起こす呪いをかけた人のところに、主が罰として戻すのかもしれない、とも言われています。

ここでは病気あるいは呪いは、一種の物質としてとらえられている。だから患者の体から取りだした後、どこか別の場所に送られるのである。自分にかからないように気をつけて水を流すとあるが、これはうっかりすると呪術師は患者の病気を自分の体に受けてしまうからである。病気は風に乗せて、森や沼などの人のいない場所に送られる。

さて、治療は呪術師にとって、非常に負担の大きいことであると考えられている。

かつて私は、一日二十人ぐらいの人を診ていました。しかし疲れるようになり、以前ほどは診られなくなりました。休息をとらなければならないからです。治療をおこなうと私はひどく疲れます。なので一時間か一時間半ほど横になって休みます。私は自分の力を与えることで治療するから、疲れるんです。

治療に疲れたポリーナを助けてくれるのは、医者であるという。週一回、彼女のところには医者が診察に来る。治療をおこなう呪術師自身が病弱であっても、それで信用が落ちることはない。呪術師は他人の病気は治せても、自分や身内の病気は治せないという観念があるからである。

呪術師は医者とは異なり、いつでも治療できるわけではない。時を選ぶことが重要である。

私は火、水、木の十一時から十五時までの間だけ治療します。治療する曜日は重要です。月曜と金曜は悪い日だから、治療をおこなってはいけません。とくに月曜には、痛みを治療することができません。逆に悪化させてしまいます。これらはどうにもならない日です。

その他、呪文によっては唱えるべき時間あるいは時期が決まっていたり、唱えるべき場所が決まっていたりする。呪文はそういう規定を守って初めて「効く」ものとされているのである。

## 様々な人助け

ポリーナは病気治療以外にも、様々な人助けをしていると言う。

私は行方不明になっている人を見つけることができます。いなくなった牛を探すこともできます。行方不明者が生きているか、どこにいるかを言い当てることもできます。殺されたのか、溺れたのかを言い当てることもできます。遺体の場所を言うこともできます。ある時、人探しにきた人たちに私はこう言いました。「この先に墓地があります。そこから軍の基地につながる道が右にでています。その道端に車が停まっています。その中で彼はすでに死んでいます」彼らはすぐさまそこへ向かいました。するとそこには、あらゆる部品が盗まれた車が停まっていて、中に遺体がありました。

人探しの時、私は器に入れた水の中に礫になったイエスの十字架を、自分とは反対に向けて入れます。そしてさらに別の十字架を入れます。するとやかんで沸かしたように、一瞬で水が沸騰し、その人がどこにいるのかが水に映ります。私はそれを見ることができるのです。

私は人探し用の大きな桶を持っています。そこに聖像画を入れ、桶の周囲に七本の蠟燭《ろうそく》を灯します。そして、水の中に行方不明者の写真を置きます。私は人探しをしている人には、写真を置いていくように言います。写真を水の中に入れると、私にはすべてが見えるのです。

人探しに関してカレリアでとくに需要があるのが、湖で行方不明になった者の遺体探しである。ナターシャの話にもあったが、潜水夫などによる捜索で見つからない場合、人びとは呪術師に依頼し、見つけてもらう。また農村の場合、牛探しも重要である。放牧していた牛が森で迷って戻ってこないことが多々あるが、これは森のヌシ《レーシー》が隠してしまうからであるとされる。そういう場合にも、呪術師頼みとなる。ポリーナはさらに、次のようなこともできると言う。

私はチェチェンへ送られる兵士たちに、祝福と守護を与えます。「神とともに歩め」と言うのです。すると彼らは怪我をせず、無事帰ってきます。私が守護を与えたある若者は、一緒にいた者は死んだのに、自分は助かったと話してくれました。

花や畑の作物を育たないようにする邪悪な視線というものが存在します。私はそういう時にも言葉を唱えます。そしてクライアントに唱えるべき言葉を教え、よく育つようにします。

また、結婚式の守護もおこないます。呪いがかけられないようにです。不和の呪いがかけられないようにするには、五つの言葉を唱えれば良いだけです。若いカップルが私のところへやってきます。なかなか子どもに恵まれない夫婦のためには、子授けの祝福もします。医者がどうにもできない時、私は手でおなかを押して卵管を開けることができます。すると主《しゅ》がおいでになり、子どもを授かることができるのです。私はすべてを神の力によっておこなっています。

ポリーナの語る呪術儀礼では、十字架、聖像画、蠟燭など、キリスト教で使われる物が多数登場している。

## 邪悪な呪術の依頼

強い力をもつことで有名なポリーナのところには、邪悪な呪術を頼んでくる人もいる。そういう時にはどうするのだろうか。以下は「渇きの呪術」とよばれる愛の呪術を依頼してくる人びとについての語りである。

愛人関係にある者が、相手を「渇かして」ほしいとやってくることがあるけれど、私はそういう人たちは助けません。妻も子もいるのに、それ以上、何が必要なのかと説教します。私は病気で苦しんでいる人、正しい人のみを助けます。「渇かして」ほしいというような人にはすぐに、「そういうことはできません、帰ってください」と言います。彼らは「お支払いはしますから」と言うけれど、私は断ります。こういう人には、「自分で何とかしてください。取り戻せるものならできるでしょう。なぜこういうことに頼ろうとするのですか？　私はこういうことには関わりません。私は治療しかしません」と言います。

愛の呪術のように、相手の意思をまげる呪術は黒呪術とみなされる。また呪術によって相手を惹きつけても、決して幸せにはなれないとも言われる。ポリーナは自らの良心に反する呪術の依頼は、このようにきっぱりと断っている。

## 洗礼の効力

神の力で治すポリーナは、クライアントには洗礼を受けることを要求する。洗礼を受けていない者は治療しない。洗礼が治療に重要であることの証左として、次のような話をしてくれた。

名前は忘れましたが、ある大臣が私のところに来ました。彼は愛人に愛の呪術をかけられ、そのせいで不調を感じていました。私は彼が楽になるようにと、治療を始めました。水を器に入れ、蠟燭に火をつけ、器に礫になったキリストの十字架を入れました。しかし、ふと見ると、器の水が黒くなっているのです。私は大臣に言いました。「あなたは洗礼を受けていませんね」「そうです」「私はあなたを治療できません」「どうにかしてくれませんか?」「いいえ、いいえ。洗礼を受けてください。洗礼を。すると楽になるでしょう。教会に行ってください。行ったら楽になるでしょう、良くなるでしょう」

私の言ったとおりになりました。大臣は教会に行き、三日後に私のところに来て言いました。「教会から出たとたん、楽になった」と。私は、彼の頭の周りに手をかざしたり撫でたりして治療しました。そして、今後はもう別の女に手を出したりしないようにと言っておきました。

呪術師たちはしばしばこのように、洗礼を受けていない者の治療を拒否する。治癒は神の力によるものであるため、洗礼を受けていない者は神の恩寵を受けることができないと考えられているのである。神に関しては、ポリーナは次のようにも語っている。

「ばあさん、これは効くんですか、効かないんですか」と尋ねられると、私はイライラします。そういう人にはこう言います。「私に聞かないでください。主があなたを助けてくださるなら効くでしょうし、そうでなければ、それはあなたの問題です」と。

すなわち、実際に治療をおこなっているのはポリーナではなく神であり、すべては神の御心次第である。ポリーナは神とクライアントをつなぐ者にすぎない。

## 遠方から訪れる人びと

ソ連時代、呪術は撲滅すべき迷信とされたので、呪術師たちは表だって治療をすることはできなかった。警察に通報される可能性があった。しかし、ソ連時代末期以後は状況が変わる。

かつてこういうことは危険でした。でも後になって、地位のある人たちも来るようになって、怖がらずに堂々と治療ができるようになりました。モスクワからも感謝の手紙が送られてきます。

こう言って、ポリーナは政府高官の名前を何人かあげた。カレリアの共産党のトップにステパーノフという人物がいたが、彼もポリーナのところに二回来たことがあるらしい。また政府高官以外にも、多数の人びとが遠方から訪れる。ロシア国内のみならず、旧ソ連を構成していた別の共和国からやってくる人もいるという。効き目があると信じて、どんな遠くからでもクライアントがやってくるという話は、他の呪術師からも聞かれるものである。強い呪術師に関する情報は口コミで遠くまで伝わり、治療を求める人の行列ができる。また予約制にしている呪術師の場合、数カ月先まで予約がとれない状態になるのである。

ている。

### 孫息子に受け継ぐ

ポリーナはすでに八十歳である。自らの呪術知識を誰に伝えるのかについては、以下のように語っている。

私は孫息子にわたすつもりです。孫は今、二十八歳です。呪術はひとりにしかわたせません。孫は神を信じていて、お祈りをよく知っています。私は祈りが書かれたノートを彼に与えます。孫はすでに「グルィージャ」を治すことができます。

孫が治せるというグルィージャ（gryzha）は民間に広く知られる病名で、ヘルニア、および体の内部をかじられているように感じられるあらゆる痛みの総称である。医者は切らなければグルィージャを治せないけれど、呪術師は切らずに治せる、と言われる。

ポリーナの孫は、見よう見まねでいくつかの呪術を知っているようである。完全な知識譲渡の儀礼をしていないにもかかわらず、すでに治療が可能だということは、孫には呪術的才能があるということである。この若い孫もまた、世代を超えて伝えられた秘儀で「人助け」をすることになるのだろう。

## 3　ニーナの場合

二人めの呪術師は、アルハンゲリスク州オネガ地区の村に住む女性ニーナである。彼女は一九五〇年に北ロシアのヴォログダ州に生まれた。二〇〇二年の調査当時、五十二歳だった。私たちがニーナと会ったのは、彼女が週に何度か宿直をしている博物館の宿直室である。

### 呪術で結婚させられる

ニーナは姑をはじめとして、複数の人物から呪術を受け継いでいる。まず姑がどんな人物だったかについて、ニーナの語りを見ていきたい。

私がオネガに来たのは一九六七年です。トーチマの街〔ヴォログダ州〕で林業の専門学校を卒業し、仕事でこちらへ来ました。そしてここで結婚しました。私は姑に、いわば呪術をかけられて結婚させられました。自分の意思で結婚したのではありません。結婚生活は不幸なものでした。夫は最近、釣りの最中に心臓発作で死んだのですが、三十一年間の結婚生活でキスをしたのは一度きりでした。結婚式の時だけです。その後は一度もしませんでした。のちに、姑の友人であるマーニャおばさんが私に教えてくれました。「ニーナ、今だから言うけれど、彼女〔姑〕はあなたに呪術をかけたのよ。彼女は言ってたわ。ニーナは田舎育ちだから、どんな仕事もこなせる。あの子は古風な子よって。それで彼女は何かしたの」

姑は古風で働き者のニーナが気に入った。それで愛の呪術をかけて、息子とニーナを結びつけたのである。しかし結婚後は、姑はニーナにつらくあたったとのことである。姑は村ではひどい呪術師だと評判の人物であった。とくに愛の呪術に長けており、これについてニーナは次のように語っている。

舅には以前、別の妻がいたのですが、姑が奪いとったと言われています。姑は別の呪術師とふたりして、村の夫婦の半分を別れさせて、別の相手とくっつけるというようなことをやったらしいです。信じられます？　彼女らは呪術をかけまくって、たくさんの人を離婚させたのです。

のちにニーナが姑に習ったところによると、愛の呪術は次のようにおこなわれるらしい。

男女を別れさせる方法は、川の砂を一つまみ取り、次のように唱えます。「岸と岸が出会わないのと同じように、○○と××が二度と会うことがありませんように」三回砂にこう唱えて、相手の靴かシャツにかけます。

反対に、とても遠くにいる人やそばにいる人を、自分に強く結びつけることもできます。出かけようとしている時に、気づかれないように少しだけ相手の髪の毛を切り、それを焼いて、例えば靴などに入れます。こぼれないように。すると、相手は死ぬまであなたに結びつけられます。姑はたぶん、この方法で舅に呪術をかけたのだと思います。

こうして呪術で結婚させられたニーナは、離婚しようとはしたが、どうしてもできなかったと言う。そこにもまた、姑の呪術が絡んでいたらしい。

私たちの家は、十軒ほど隔てて姑の家と同じ通りにありました。姑はうちには用のある時だけ来ました。普段は来ても戸口に立って、必要なことだけ言うと帰りました。お茶を飲んでいくことは決してありませんでした。ところがある時、うちに来て座って靴下を編みました。あとになって、姑の姪から聞きました。これは、私と夫が決して離れることがないようにするためだったんです。

編み物をして糸にたくさん結び目を作ることにより、夫婦を結び合わせるという類感的な呪術のようである。こうしてニーナは夫と別れることなく、三人の子どもを生み育てた。

## 姑に呪文を教わる

ニーナと姑の仲は悪かった。しかしニーナの出産後、姑はニーナに呪文を教えはじめる。姑は病気治療についても知っていた。

私が産院からもどると、姑は私に呪術を教えはじめました。グルィージャにならないためにはこう、邪視されないようにするにはこう、と。私は、「そんなの覚えたくありません」と言いました。でも彼女は言いました。「覚えるのよ、覚えなさい！」どうやって皮膚病を治すかについても教えてくれました。長男には体中に湿疹があって、ひどく悩まされていました。私は最初、呪文に注意を払いませんでした。でも姑は「〔呪文を〕書きなさい、書いておきなさい」と言いました。

姑の娘も別の嫁も呪文を知りません。姑がどうしてすべての呪文を私にくれたのか、いまだにわかりません。息子はチェチェンで軍務に就きましたが、無事戻りました。これは姑が私にくれた知識のおかげです。息子は怪我もせず、無事に帰ってきたのです。

ニーナは姑が口述した呪文を、手のひらサイズのアドレス帳に書きとめた。そこには、歯痛を治す呪文、安産の呪文、腫れ物を治す呪文、耳鳴りを治す呪文なども入っている。ニーナは姑の知識については、その母親から受け継いだものだろう言った。その根拠として、姑の母親がいつも村人のお産を手伝っていたこと、彼女の子どもはまったく病気をしなかったことをあげた。

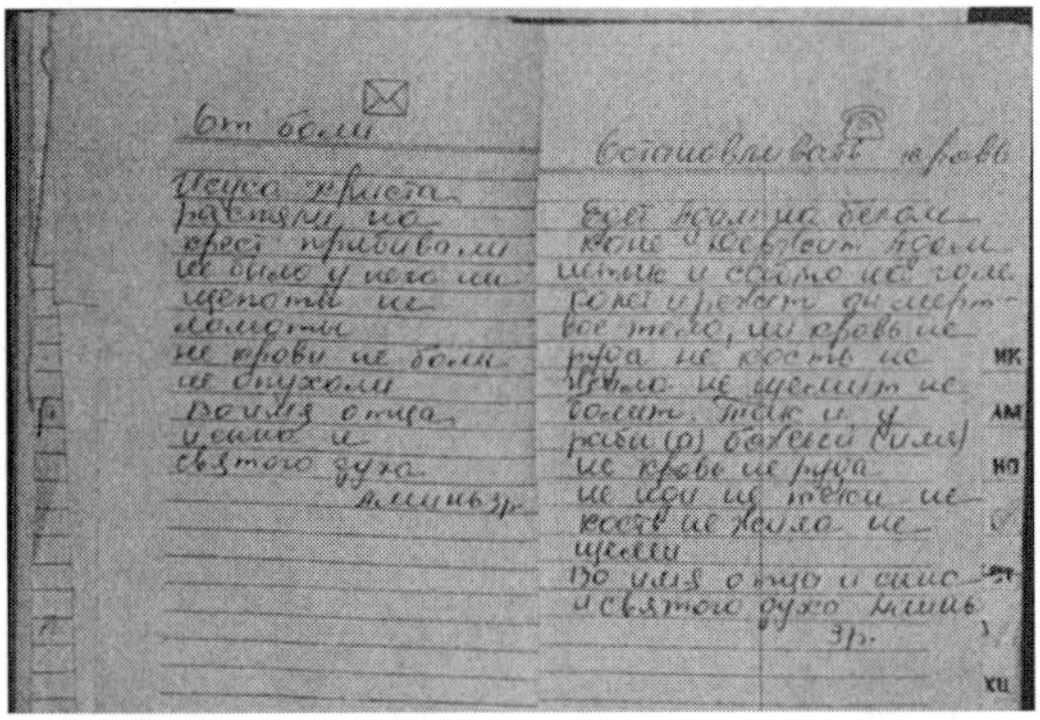

ニーナの呪文ノート。このページには，痛み止めの呪文と血止めの呪文が記されている。

### 呪術師の死にぎわ

治療の呪文も知っているが、多くの悪事もなしたという姑の死にぎわについて、ニーナは次のように語っている。

姑は死ぬ時、長い間ひどく苦しみました。彼女は自分の家で死んだのですが、〔苦しみのあまり〕丸太が見えるほど壁をかきむしりました。ひどく苦しい死にぎわでした。思うに、姑は私に〔呪術を〕わたしたかったようです。姑の死にぎわに、私は二度、彼女の部屋に入ろうとしました。でも入れません。どうしてもその部屋に入れません。入れなかったんです。どういうことか、私にはわかりません。姑のそばに行けなかったのです。彼女はすでに寝たきりでした。

この語りには、革命前の資料に頻繁にみられる、死にぎわの呪術師をめぐるモチーフが見られる。それは、死ぬ前に誰かに呪術知識をわたさなければ、呪術師は死ぬことができないというものである。死ねない呪術師の苦しみは恐ろしいもので、九昼夜も苦しみぬいて死んだ呪術師や［Smirnov 1994 (1922)：313］、苦しみのあまり、自分で頭蓋骨を叩き割ろうと壁に頭を打ちつける呪術師、自分の舌をずたずたに引き裂いた呪術師もいたという［Maksimov 1903：126］。

姑はニーナに徐々に呪文を教えてはいたが、まだ完全に知識をわたしたことになっていなかったようである。それゆえに、姑は壁をかきむしるほど苦しむことになった。では、知識を完全にわたすために、さらに何をしなければならなかったのだろうか。この点に関しては、以下の革命前の資料が示唆的である。思いがけず呪術を受けとらされてしまった女の子の話である。

死にかけている呪術師は、しばしば、周囲にいる者から無知な者を狙い、犠牲者として子どもを選ぶ。〔……〕大人が誰もそばにいない時、死にかけている女呪術師が女の子にパンをわたした。パンとともに自らの力をわたした呪術師は、すぐさま息絶えた。女の子は畑仕事をしている母親のところへ駆けていき、そのパンを見せた。母親は事の次第に驚愕したが、どうすることもできなかった。呪術師になってしまった女の子のところには、夜な夜な魔物どもがやってきては仕事を要求した。しかし、女の子はまだ悪意というものをもっていなかったので、自らの力を操ることができなかった。娘が悪魔に苦しめられているのを見て、母親は男性呪術師のところへ相談に行った。彼は仕事をしたがる悪魔に無限に長い縄をなう仕事を与えることで、女の子を救った。［Ushakov 1896：177］

この話には、呪術知識を受けとるということは、呪術師が従えている魔物を受けとるということであるという観念があらわれている。呪術知識に対するこのような恐怖が存在したことにより、呪術師にとって知識を受けとってくれる者を見つけるのは、必ずしも容易ではなかった。そのため呪術師はしばしば、策をめぐらして、望まぬ人間に無理やり知識を押しつけようとしたのである。ニーナが姑の死にぎわにどうしても部屋に入れなかったことの背景にも、この恐怖があった可能性がある。

呪術知識の悪魔性については、死んだ呪術師についての語りにもあらわれる。呪術知識をもったままでは、死後、母なる大地に受け入れられないとされた［Maksimov 1903：111］。ロシアの民間信仰において「母なる大地」は、しばしば聖母マリアと同一視される聖なる存在であり、穢れた者は何度埋めても大地から吐き出されてしまう。大地での安息を得られない呪術師は、夜な夜な歩きまわり、生きている者を苛む［Ivanov 1900：96］。呪術知識とは、これほどまでに罪深い反キリスト教的知識としても想像されたのである。そしてそれゆえに、死ぬ前に知識を誰かにわたすことが不可欠なのである。

**知識を隠す**

ニーナは舅からも呪文を教わっている。温厚で村中の人に愛されていた舅に習ったのは、家畜の飼育に関係する呪文である。ニーナによると、この知識は、舅の姉から舅に受け継がれたものであろうとのことである。

ニーナはさらに、隣人の老女ナースチャからも知識を受け継いでいる。ナースチャは神を深く信じ、ニーナに古い聖書もくれたこともあるという。ニーナはナースチャが口述する呪文もメモした。またナースチャは死にぎわに、呪文を書いたノートをくれたという。こうして、ニーナは三人の人物から呪文を受け継いだのである。しかしニーナは、自分が呪術知識をもっていることを隠している。

村では私は、自分のところに誰も助けを求めて来ないように、自分のことが知られないようにしています。いろんな人がいますから。誰かを助けると、「あいつは呪術師だ」というような陰口をたたかれますから。

ニーナは治療など、良い目的のための呪術しかおこなっていないと言うが、呪術師は必ず悪事を働いているのではないかと疑われうる。ニーナの場合、姑が邪悪な呪術師として知られていたため、この心配はなおさら大きくなる。

**力を失った呪文**

ニーナは私たちに、二冊の呪文ノートを見せてくれた。そして、すべてを撮影することを許可してくれた。呪文はむやみに人に教えると力が失われると信じられるため、これは非常に珍しいことである。研究者にとって、呪文は非常に採集困難なジャンルである［Kurets 2000：3］。ではなぜ、ニーナは呪文ノートを見せてくれたのだろうか。その理由が次に語られている。

私はもう、何もすることができません。呪文を唱えることができません。歯がないからです。呪文を唱えるためには、自分の歯が必要ですから。私の歯はすべて入れ歯です。ある時、私は歯を二本入れるために歯医者に行ったのですが、医者が酔っ払っていたようで、ばい菌が入ってしまったんです。私はアルハンゲリスク〔北ロシアのアルハンゲリスク州の州都〕に緊急輸送され、そこで自分の歯をすべて抜かれてしまいました。私は自分の呪文をすべて、あなたに言うことができます。書いたものだってあります。でも、これらの呪文はもう効きません。

歯がなければ呪文は効かないという信仰は、ロシアでは広く知られる。通常、歳をとって歯をすべて失ったために呪文を唱えることができないと語られるのだが、ニーナの場合、医療過誤によって歯を失ったために、唱えることができなくなった。彼女の話からは、呪文の持ち主がそれを唱える能力を失うと、呪文自体の力も失われるということがわかる。ニーナのノートには呪文のテキストはあっても、すでに何の力ももっていない。そのため、私たちにコピーが許されたのである。北ロシアにおける私たちの調査で、ニーナのケース以外で多数の呪文が一度に採集できたのは、呪術師が誰にも知識を譲渡せずに死に、呪文が書きつけられたノートが子孫の手もとに残った場合であった。儀礼をせずに残された呪文も、すでに力が失われていると解釈されるのである。

ニーナはまだ歯のあるうちに呪文を息子の嫁に伝授しており、嫁のもとでは呪文は今も効力をもっている。ニーナによると、呪文の力を伝えるためには、歯の有無以外にも要件があるという。

もし歯があったとしても、自分より年上の人には呪文をわたすことはできません。その場合、呪文は力をもたなくなります。

このような語りからも、呪術知識のもつ特殊性がうかがわれる。呪術知識を伝えるということは、ある種の力を伝えることなのである。

## 4　リディヤの場合

三人めの呪術師はリディヤである。リディヤは一九二〇年にナターシャの故郷であるA村で生まれ、現在もそこに住んでいる。かつて彼女は、村の集団農場《コルホーズ》で働いていた。二〇〇二年の調査当時八十二歳で、年金生活者である。その後、二〇〇三年にも話を聞いた。

### 母から受け継ぐ

呪術知識の譲渡について、リディヤは次のように語っている。

これは母から伝えられたものです。口から口へです。母は少しずつ教えてくれました。子どもの病気をどう治すか、家畜をどう送り出しどう迎えるかなどです。母が歳をとってから少しずつ習いました。私は書きとめてはいません。母が私に呪文を言い、私はみんな頭に入れました。私が母からそうしてもらったように、言葉を口から口へ伝えると、呪文はよく効くと言われます。今では本が出版されたりしていますが、効くんだか。

前章のナターシャの子どもの頃の話に、「犬の乳首」を顔につけられたというエピソードがあったが、じつはこれをした「恐ろしいばあさん」がリディヤの母親である。呪文を「口から口へ」伝えるというのは、呪文を教える者と教わる者が口を近づけ、前者が言ったことを後者が繰りかえすという方法である。呪力をわたす方法は様々だが、リディヤの場合は声で伝えることが重視されている。また口を近づけるのは、相手の口から出る呪力を自分の口で飲みこむことを意味しているのだろう。リディヤは本にも言及しているが、これはソ連崩壊後に盛んに出版されるようになった実用呪術書である。ここには生活のあらゆる場面に役立つものとして、数多くの呪文が印刷されている（詳しくは四章を参照のこと）。しかし、呪文の力は「口から口へ」伝わると考えているリディヤは、このような本に印刷されている呪文の効力に疑問を呈しているのである。

呪文の譲渡について、リディヤはさらに次のように述べる。

> 呪文は三人にわたすことができます。例えば、娘ともうひとりの娘と息子にです。もし四人目に言ってしまえば、呪文の力は失われます。言葉を知っていても、効力をもたなくなるのです。

呪文を何人にわたすことができるのかについては、呪術師によって考えが異なる。ポリーナのようにひとりだけという場合もあれば、リディヤのように三人のこともある。いずれにせよ、限られた人にのみ引き継ぐことができる知識であるという点においては共通している。

リディヤは母に習った様々な呪文のテキストを私たちに話してくれたが、これらは我々のもとでは効力を発しないものとして話してくれた。彼女の知っている呪文は、腫れ物治療の呪文、血止めの呪文、るいれき（頸部リンパ節結核）治療の呪文、家畜の邪視除けの呪文、家を建てる時の言葉、新しい家に入る時の言葉、湖を渡って家畜を運ぶ時の呪文、溺死者を見つけてくれるよう水のヌシ《ヴォジャノイ》に頼む呪文、風呂小屋で子どもを洗う時の言葉、歯痛治療の呪文、腰痛治療の呪文、ひきつけ治療の呪文などである。

### 共産主義者の夫

呪術師の家族が必ずしも皆、呪術を信じているわけではない。リディヤの娘が自分の父親について、こんな話をしてくれた。

私の父は共産主義者だったので、呪術など信じていませんでした。ある時、父は牛の放牧を任されたのですが、牛がみんな逃げてしまいます。三日間こんな状態で、父は困り果てました。それで村のばあさんに呪文を唱えてもらったら、うまくいくようになりました。それから父は信じるようになったんです。医療従事者だって、呪文を唱えてもらうためにばあさんを探しますよ。

ここにも半信半疑でやってみたら効いた、というナターシャの語りと同じパターンがみてとれる。経験によってのみ、呪術の「リアリティ」が受け入れられるのである。

### 良い呪術と悪い呪術

村の若い母親によると、子どもが生まれると皆リディヤのところに行き、病気にかからないように呪文を唱えてもらう。リディヤは自分の知識について、次のように言う。

私は悪いことは何も知りません。人びとが私のところに来るのは、良いことのためだけです。

リディヤはさらに、呪術を悪いことに使うと報いが本人に返っていくこと、愛の呪術はしないことも述べた。しかしある村びとは、リディヤが「渇きの呪術」とよばれる愛の呪術も知っていて実践しており、呪術を解いてくれないのだと話していた。前節のニーナの例でもあったように、呪術師に対してはつねに、アンビバレントな評価がつきまとうのである。

呪術師リディヤと，その知識を受け継いだ娘。

## 娘に受け継ぐ

リディヤはもう年なので、娘のひとりに呪文をわたした。楽に死ぬためだと言う。リディヤから呪術を受け継いだ娘はペトロザヴォーツクで教師をしており、年は四十八歳（二〇〇三年の調査当時）である。娘は覚えられないということで、リディヤが口から口へというかたちでわたした呪文をノートに書きとめた。娘は早速、知り合いの邪視を祓《はら》うことを試み、うまくいったとのことであった。

## 5　アンナの場合

四人目の呪術師アンナで、彼女もまたナターシャの生まれたA村に住む。アンナは一九六一年生まれで、二〇〇二年の調査当時四十一歳だった。大柄で美しい女性である。学歴は獣医学の専門学校卒で、現在は四人の娘の母親として主婦をしており、自宅で数頭の牛を飼っている。

他の呪術師とくらべて若いアンナの世代は、無神論教育を受けて神も呪術も信じなかった人が多い。しかしアンナはそうではなかったという。子どもの頃から神に惹かれ、教師に叱られてもこっそり教会に通っていたらしい。彼女の家にもやはり、聖像画が飾られている。

牛の治療を得意とするアンナ。

### ノートいっぱいの知識

アンナに呪術知識をくれたのは、知り合いのじいさんだという。

プードシ地区〔カレリア共和国〕のF村にじいさんがいます。彼はすごくすごくよく知っています。じいさんは私にみんな話してくれます。彼はノートいっぱいの知識をもっていて、私に書き写させてくれました。彼はこういうことに興味をもって集めたのです。

アンナはこのじいさんに加え、かなり年上のカレリア人の友人（女性）や、隣人のばあさんからもいろいろ教わったという。また、ソ連崩壊後に新聞などに印刷されるようになった呪文にも興味を持った。アンナはこれら、悪いことのための呪文も良いことのための呪文もすべて、自分のノートに書きとめた。

アンナの知識の内容は例えば次のようなものであるという。生まれた子牛を家に「据える」呪文、新しい家に入る時の言葉、風呂に入る時の言葉、牛の乳の出を良くする呪文、重い病人に死か回復かいずれかの結果が早く出るようにする言葉、死人が通ってこないようにする言葉、不眠祓いの呪文、アルコール中毒治療の呪文、夫が妻を殴らないようにする呪文、腰痛治療の呪文、血止めの呪文、できもの治療の呪文、愛させるための呪文、豊漁の呪文、風をおさめる呪文、邪視除けの呪文、憂鬱な気分を取り去る呪文、森のヌシ《レーシー》に牛を返してもらう呪文、子どもを洗う時の言葉、別のところに連れていかれた家畜が元の家に帰りたがらないようにする呪文などである。アンナはこれらの知識を生かし、人に頼まれれば、病気治療や「牛を据える」呪術などをおこなっている。「牛を据える」とは、新しく牛を買った時や子牛が生まれた時に、牛が病気になったり死んだりせず、また前の家を恋しがることもなく無事育つようにする呪術である。各家に住むとされる家のヌシ《ドモヴォイ》に呼びかけ、受け入れくれるよう頼むのである。

呪文が効く要件として、アンナもニーナ同様、歯に言及した。

呪文を唱えるためには、口に歯がないといけません。もし歯がなければ、もう呪文を唱えには行きません。一本でも自分の歯がないといけません。年とった呪術師は、「私にはもう歯がないから、どこにも〔呪文を唱えに〕行きませんよ」っていうふうに言うんです。

では、呪文とはそもそも、どうやって生まれたのだろうか。アンナは呪文の起源について、次のように語っている。

私が思うに、こういうことを始めた人たちは、みんな自分で考えだしたんです。唱えてみて効いたんです。効いた言葉を覚えておいたのでしょう。みんな考えだされ、確かめられたものなのです。

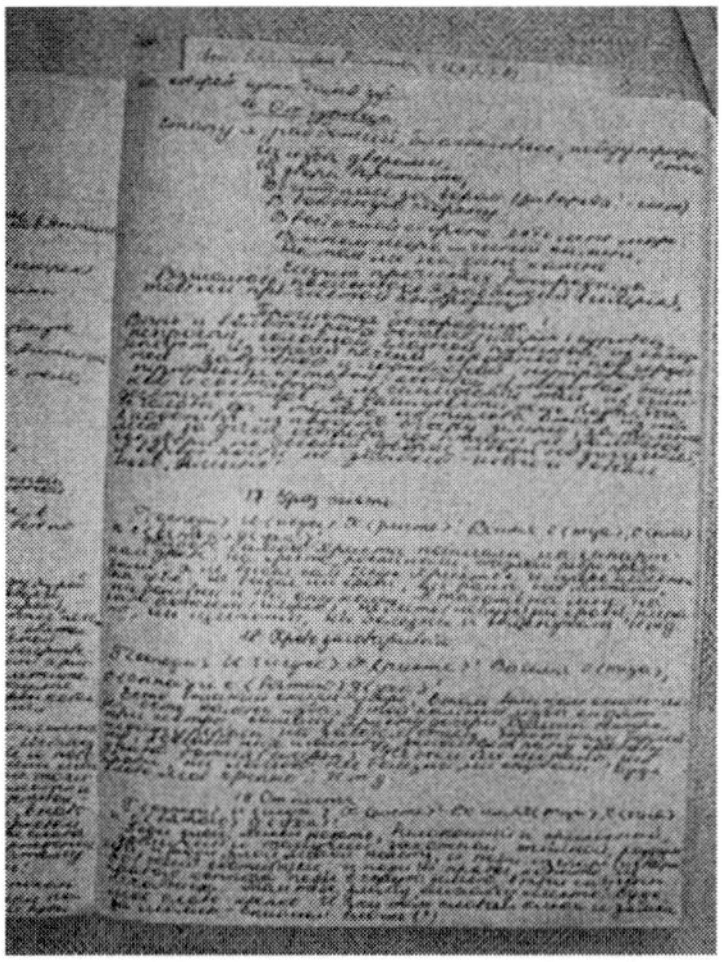

アンナの呪文ノートより。このページには，血止めの呪文など治療に関する呪文が記されている。

アンナは新しい呪文を考えだすことも可能だという。自ら考え、試してみれば良いのである。

アンナは多数の呪文をもっているが、そのテキストを完全に覚えているわけではなく、すべては別宅にあるノートに書かれていると言う。私たちはこの呪文ノートをコピーさせてくれるよう頼んだ。後日、別宅を訪れた際、アンナはノートを撮影させてくれたが、許可されたのはノートの前半のみだった。私たちが後半の呪文を見ることがないよう、撮影中、彼女は注意深く私の横に立っていた。撮影できた呪文は計三十一頁、三十六編である。このノートには、言葉をともなわない呪術的儀礼や予兆、民間暦、薬草についても記されていた。

日本に帰国してからノートのコピーを見直した際、そのなかの呪文のひとつ、「ゴキブリ・ネズミ退治の呪文」の唱え方についての説明に注意をひかれた。「……の蓋をしっかりと閉じ、朝四～六時の間の私とのコンタクトの時間に人気のない場所に出て……」とあるが、この「私」とは誰なのだろうか。考えられるのは、マスメディアで呪術の利用を呼びかけている呪術師である（これについては四章で詳しく述べる）。おそらくこの箇所は、この手の呪術師の著作からの抜粋であろう。アンナは一人称で読者に呼びかける呪術師の言葉を、そのまま書き写したのである。

コピーを読み進めるうちに、多くの呪文に番号がふられていること、一部の番号が脱落したり繰りかえされたりしていることにも気づいた。新聞や書籍に数編～数百編の呪文が一度に掲載されることがあるのだが、その場合、順に番号がふられることが多い。ここから、撮影させてもらった呪文のうちの少なくとも一部は、印刷物から書き写したものであること、数字の脱落はアンナが自分には不要と思われる呪文を飛ばして書き写した結果であり、数字の重複は異なる情報源から書き写した結果であることが推測できた。アンナが呪文ノートの前半後半をはっきり区別し、後半は決して見せようとしなかったことを考えると、彼女はおそらく印刷物から書き写した呪文のみを私たちに見せ、個人的にもらった呪文は見せなかったのである。呪文の力が失われることを恐れたのであろう。

### 伝授のきまり

アンナによると、呪術知識を伝える際には、次のようなきまりがあるという。

知識は自分の末の子どもが十六歳になるまで、他の人にわたすことはできません。わたすことができるのは、自分よりも年下の人にのみです。年上の人にわたそうとすると、呪術は効かなくなります。伝えることができるのは二回だけです。私の末娘が十六歳になったら、私は二人の人間にわたさなければいけません。一人は身内でいいのですが、もう一人は他人でなければいけません。一人の血のつながりのある人と、一人の血のつながりのない人にです。

何人に知識をわたすことができるのかについて、先の事例では、一人だけに、あるいは三人まで伝えることができるとあったが、アンナは必ず二人に知識をわたさなければならないと言う。さらに血のつながりに関する規定もある。彼女はまだ四十一歳と若く、末の娘はまだ乳児のため、知識の譲渡はまだまだ先のことであろう。

## 6 「効く」からこそ

以上、四人の呪術師の語りを紹介した。古くから伝えられてきた知識を用いて無料で施術をおこなう彼らのような呪術師は、一般に「伝統的呪術師」とよばれる。これら伝統的呪術師たちの知識の伝え方やその扱い方は、細かい点では異なる。しかし、呪術師になるための知識が秘密の知識であり、必要な要件を満たさなければその呪力は作用しない、という観念においては一致している。彼らはそれを厳格に守りながら、知識を伝えつづけてきた。

さて、ここで本章の冒頭で示した語りに戻りたい。呪術が「効く」ことの根拠についての語りである。

もし効かないんだったら、こんなものが伝えられてきたはずがないじゃないか。効くからこそ、ずっと伝えられてきたんだ。

話者はこの語りによって、呪術の「リアリティ」を証明しているつもりになっている。だが、この語りはよくみると「効くこと」と「伝えられてきたこと」に関して、互いに互いを論拠とする循環論法に陥っている。効くと信じることの根拠は、伝えられたという事実によって証明済みとされている。しかし呪術が伝えられたのは、それが効くと信じた人がいたからにすぎない。すなわち、何の証明にもなっていないのである。しかし、呪術の「リアリティ」をすでに確信している話者がこの矛盾に気づくことはないようだ。呪術師たちが存在しつづけてきた事実そのもの、呪文などの呪術知識の存在そのものが、呪術の信憑性の保障となりうるのである。

このことをふまえて、第四章では、近年になってマスメディア上で大量に流れるようになった呪術情報をとりあげる。呪術知識の存在自体が呪術の「リアリティ」を保障してしまう状況において、マスメディアを通じた知識の拡散は重要な意味をもっており、現代ロシアの呪術を理解するうえでその分析は欠くことのできないものである。しかしその前に、次章で呪術の「リアリティ」をめぐるもうひとつの循環論法、呪術の「科学」的根拠をめぐる語りについてみておきたい。

# 第三章　呪術の「科学」化と無神論の「克服」

ソ連時代の無神論政策において、呪術は科学的根拠をもたない「迷信」として、その「リアリティ」を否定された。しかし現代ロシアでは、この言説に対抗する言説が生まれている。「呪術は科学的根拠をもつ、ゆえに迷信などではなくリアリティをもっている」という言説である。これを積極的に主張するのが、「超能力者（ekstrasens）」という呼称でひとくくりにされる人びとである。不幸に陥ったナターシャは、伝統的呪術師に助けを求めるのみならず、超能力者たちのところへも通っている。「渇きの呪術」をかけられて死にかけたナターシャを助けたのも、妹の夫が行方不明になった時にナターシャが相談したのも超能力者である。

では超能力者たちは、どのように呪術の「科学」的根拠を主張するのだろうか。彼らは伝統的な呪術師とどのような関係にあるのだろうか。本章では、ペトロザヴォーツク近辺の超能力者たちの実践、およびマスメディアにおける超能力者たちの語り口を提示する。そして呪術の「科学」的根拠を保障する彼らの語り口が、科学教育を受けた者をも呪術の世界に引きこみうるものであることを示したい。また、こうした語り口によって勢力を増す呪術に対して、正教会当局がどのような態度をとっているのかについても触れたい。

## 1 超能力者とよばれる人びと

超能力者とよばれる人びとがいるが、その自称はじつに様々である。最も多い自称は、治療など良い目的でのみ超能力を用いていることを暗に主張する「治療師（tselitel'/ tselitel'nitsa：前者が男性、後者が女性の場合。以下同様）」である。それ以外にみられる自称としては、ひとくくりにされる際の呼称と同じ「超能力者」、真実あるいは未来を見通すことができる者という意味で「透視能力者（iasnovidiashchii/ iasnovidiashchaia）」、あらゆる生物や物がもつと想像される生体エネルギーを操ることができる者ということで「バイオエネルギー師（bioenergetik）」、宇宙に満たされているエネルギーを操ることができる者ということで「宇宙エネルギー師（kosmoenergetik）」、あらゆるオカルトに通じる者ということで「呪術マイスター（magistr magii）」などがある。さらに、伝統的呪術師の自称・他称として使われる語彙はほとんど、超能力者の自称としても用いられる。例えば、どちらかといえばキリスト者のイメージの強い「ズナハリ／ズナハルカ」、どちらかといえば反キリスト教イメージの強い「コルドゥン／コルドゥーニヤ」や「ヴェドゥン／ヴェージマ」などである。また単に「じいさん／ばあさん」と名乗る者もいる。超能力者としてくくられる人びとと伝統的呪術師の呼称が重なっているため、両者の間に厳密な境界線を引くことは困難である。しかし一般に、両者は類似点をもちつつも異なるカテゴリーの人びととしてとらえられているため、ごく大雑把なイメージの違いを述べておきたい。

伝統的呪術師が古風なイメージをもっているのに対し、超能力者という言葉は現代的かつ外国風な響きを帯びている。年齢層とジェンダーバランスについていえば、現代の伝統的呪術師は圧倒的に老女が多いが、超能力者の男女比はおそらく半々で、年齢層は三十〜五十代が中心と思われる。また両者は居住場所においても違いがみられる。伝統的呪術師はどちらかといえば村落部に住んでいることが多いが、超能力者は基本的に都市に住んでいる。これは兼業か専業かという問題と関わっている。伝統的呪術師は通常お金を取らず、好意で人助けとしておこなうが、超能力者とよばれる人びとの場合、多くがそれを仕事としている。事業者として地方自治体に登録して専用オフィスを持ち、新聞広告を出してクライアントを集める者も少なくない。そのため、超能力者は人の集まりやすい都市に住む必要がある。彼らの施術料は、一般に高額である。

知識についていえば、伝統的呪術師たちの知識は基本的に祖先から伝えられてきたものである。一方、超能力者は熱心に西欧のオカルト書を読み、自らの実践に取りこむ。また知識についての語り口も大いに異なる。伝統的呪術師は効くから効く、伝えられてきたからこうするという以上に、基本的に説明をおこなわない。それに対し、超能力者たちは呪術に関する伝統的な語彙を共有しつつ、その実践を「科学」的に説明しようとする。

以上がおおまかなイメージである。では超能力者は具体的にどのように伝統的呪術師とつながっているのだろうか。以下ではペトロザヴォーツク近辺で最も有名な超能力者の実践を紹介することをとおして、これを示したい。なお超能力、あるいはそれを含むオカルト一般は、ロシア民族という枠組みを超えていく性格をもつものであるため、ここではロシア人でない超能力者もとりあげる。以下、人物ごとに「○○人」というかたちで情報を記載するが、これは国籍ではなく民族的帰属を表すものとする。ロシアには百を超える民族が混住しており、本章でとりあげる人物は様々な民族に属してはいるが、全員ロシア生まれのロシア国籍である。とくに記載がない限り、彼らはロシア語を第一言語としている。

## 2　力の源泉

最初に紹介する超能力者マルガリータは、様々なオカルト知識を組み合わせて独自の実践をおこなっている女性で、自称は「治療師」である。最初に会った二〇〇四年当時四十九歳で、その後二〇〇五、二〇〇六年にもインタヴューをおこなった。マルガリータはカレリア人の血が混じったロシア人である。金髪で色白でふくよかな体格で、美しくよく通る声をしている。現在、彼女はカレリア共和国の小都市オロネッツに居住しつつ、首都ペトロザヴォーツクにみずから開設した治療センターで施術をおこなっている。事業者として登録して職業的に治療をおこなっており、口コミに加えて新聞広告でもクライアントを募っている。第一章では提示しなかったが、ナターシャもマルガリータのクライアントのひとりで、「孤独の呪《のろ》い」を解いてもらうために何度か通っている。

まずマルガリータの能力の源について、彼女のライフヒストリーをみていきたい。彼女は一九五五年にカレリアの一都市コンドポガに生まれ、その後、軍人であった父親の仕事上の都合により、十六歳までラトヴィアで暮らし、その後ふたたびカレリアに戻った。学歴は商業専門学校卒である。十七歳で結婚したマルガリータは二人の娘を産んだ。その頃彼女は、国営商店で売るための商品を各地で買いつける調達事務所で働いていた。彼女はこの仕事先で知り合ったカレリア人の老女から、思いがけず呪術知識を受けとることになる。

当時、私は仕事でジャガイモや毛皮などの商品買い付け契約のために、いろんなところに行っていました。私はオロネツ地区〔カレリア共和国南部〕のある村で、ひとりのカレリア人のばあさん〔呪術師〕と知り合いました。彼女はカレリア語しか話せませんでした。私はカレリア語は話せませんでしたが、聞いて理解することはできました。私がロシア語で話し、彼女はカレリア語で話して、お互いだいたいのことは理解できました。ばあさんは私のことをとても気に入ってくれました。

さて、このばあさんが亡くなる時のことです。ばあさんは娘たちに、私〔マルガリータ〕に知識をわたしたいから探しだしてくれ、と言ったそうです。ばあさんには四人の娘がいましたが、どの娘にもわたさず、私にわたすと決めたのです。

ばあさんはとても良い人でした。彼女がどのような呪術をもっていたのか、私は知りません。私が着いた時、ばあさんはもう死にかけていました。彼女は私の手をとって死にました。何も言う必要はあり

マルガリータ（左）とその弟子。

マルガリータの構える治療センターの看板。

ませんでした。呪術知識の譲渡はただ、手をとることで成就するんです。どんな儀礼をすべきなのかとか、そういうことを逐一話す必要はありません。譲渡は純粋にバイオエネルギーのレベルでおこなわれるのです。ばあさんは自分がもっていたものをすべて、手をとおして私にわたしました。するとエネルギーが私の中で開花しはじめたのです。

ここで語られている知識の譲渡の方法は、革命前の資料や伝統的な呪術師の語りと基本的に一致している。呪術師は知識を与えたいと思う人の手をとるだけで、呪力を伝えることができるのである。ただしマルガリータの場合、この儀礼が「バイオエネルギーのレベルで」という疑似科学的な言葉で説明されている点が、伝統的な呪術師の語りと大きく異なる点である。

カレリア人のばあさんに加えて、マルガリータはさらに、生粋のカレリア人である母方祖母の知識も部分的に受け継ぐことになる。

祖母が死んだ時は、間に合いませんでした。彼女は私に〔手を握るという方法で呪術知識を〕わたすことはできませんでした。祖母はコンドポガ〔カレリア共和国の都市〕で死にましたが、私はオロネツに住んでいたので。私が直接もらうことができたのは、あのカレリア人のばあさんからだけです。祖母は私にいろんなことを話しては、「書いておきなさい」と言っていました。しかし私は神を信じていなかったので、覚えておこうとはしませんでした。祖母はノートを残したので、彼女の秘密の知識は、まあ残りました。祖母の死後、ノートは私のものになりました。とても古いノートでした。
祖母の死後にノートを手に入れ、カレリア人のばあさんから力をもらった後、突然、私のところに知識が訪れるようになりました。それがいったいどこからやってくるのか、私にはさっぱりわかりませんでした。たとえば、仕事のことや夫婦のことで何か相談を受けるとします。すると私の内部で、どのように助けるべきかという考えがわきあがるのです。これを実行するとうまくいきました。私の内部で何かが起こるのです。私にはこのインフォメーションがどこから来るのか、わかりませんでした。

こうしてマルガリータは、二人の伝統的呪術師から知識を受け継いだ。また、父方祖母も呪術的な才能をもつ人であったが、家庭の事情で、こちらの祖母には会ったことがないとのことである。

マルガリータ同様、現代の多くの超能力者は、伝統的呪術師の血筋に連なるか、あるいは伝統的呪術師から知識をうけとっている。以下、ペトロザヴォーック近辺に住む他の超能力者の例をみてみよう。

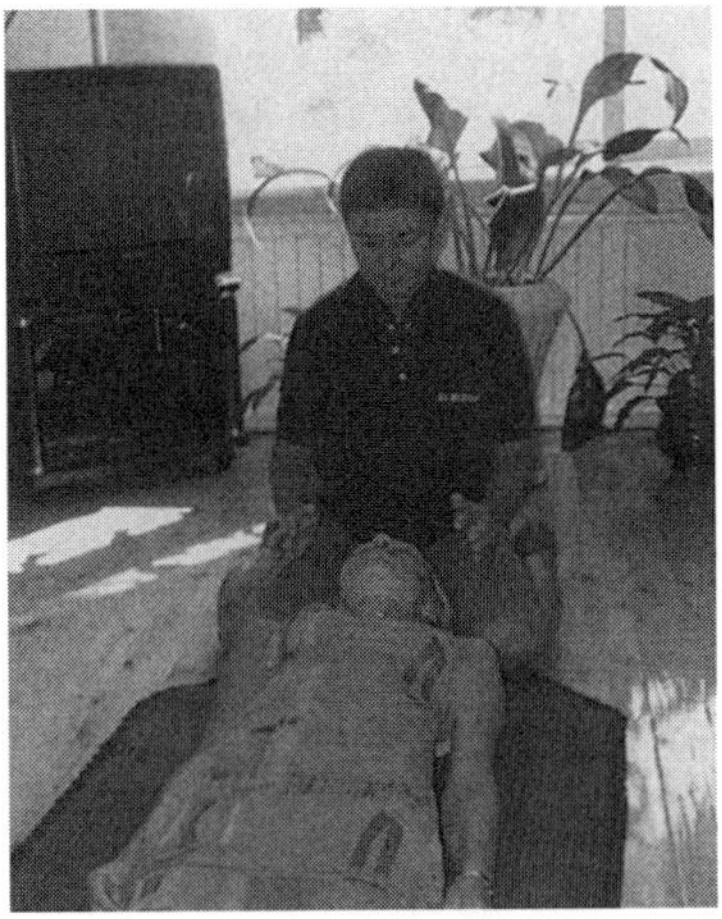
手から発するパワーで治療をおこなうナジェージダ。この若い女性は不妊に悩んでナジェージダを訪れた。

女性超能力者ガリーナ（ロシア人、二〇〇二年当時五十五歳）は、叔母から母へ、母から自分へと呪術知識が伝えられたと語った。女性超能力者カーチャ（一六〇頁写真）（ロシア人、二〇〇四年当時三十九歳）は、自分の家系は曽祖父、祖父、父と続く呪術師の家系であり、父から知識をわたされたと語った。ナターシャの話に登場した女性超能力者ナジェージダ（上写真）（カレリア人、二〇〇三年当時四十七歳）は、自らの一族は八世紀から続く治療師の家系で、自分で三九代目だと語った。男性超能力者ヴィクトル（一六〇頁写真）（フィン人、二〇〇四年当時五十歳）は、ロシア人女性一人、カレリア人女性一人、カレリアの村に住む男性一人、フィン人女性二人、モルドヴァ人女性一人から知識を受けとったと語った。このように、いずれの超能力者も伝統的呪術師と血縁関係、あるいは師弟関係にあるのである。

　同様の傾向は、超能力者たちがクライアント集めのために出す新聞広告からも読みとることができる。ペテルブルグのような大都市では、新聞に多数の広告が掲載されているが、そこでも限られたスペースの中で、伝統的な呪術師との血縁・師弟関係が積極的に強調されている。ここから次のことがわかる。現代ロシアにおいて伝統的呪術師に連なる血筋・知識は、超能者としての力を保障しうると考えられているのである。

## 3　信仰への目覚め

呪術とキリスト教信仰が強く結びついていることはすでに述べたが、超能力者のライフヒストリーにおいてもまた、神への信仰が重要な位置を占めている。以下は、マルガリータが十六歳でラトヴィアからカレリアに戻り、祖母（呪文ノートを残した母方祖母）のもとに住むようになった頃の話である。

　その頃、祖母はもう歯もなくなっていて、たいしたこと（呪術）はできませんでした。[1] 私にはいくつかのことを話してくれましたが、私は青年共産党同盟員《コムソモールカ》だったため、当然そんなことは信じませんでした。神はまったく信じていませんでした。二十三歳か二十四歳ぐらいまで信じていなかったと思います。

祖母は生涯、神を信じていました。祖母のところには、いつも聖像画がありました。神を否定したことは一度もありませんでした。当時、呪術は禁じられていました。しかし、祖母はとくに隠していませんでした。人びとは祖母のところへ治療を求めてやってきました。役人自身がこういうばあさんを恐れていたため、逮捕しにくるようなことはありませんでした。

祖母が生きている間に私が覚えたのは、墓での儀礼だけです。私は墓を使ってどのように守護の儀礼をするのか知っています。季節によって様々な儀礼があります。この儀礼は「死者の街の儀礼」といいます。墓は死者の魂が住む街です。パラレルワールドなんです。私がこれを見たのは二十歳ぐらいの時です。私は青年共産党同盟員でしたから、別に覚えようと思ったわけではないのですが。でも覚えたのは、ただ単に私にとっておもしろかったからです。どうして人間に対して墓を通じて守護を与えることができるのか、興味があったんです。私は何回か、祖母が墓で儀礼をやっているのを見にいきました。死者の霊にどのように敬意を払い、どのように話すのかを見ました。必ずお辞儀をし、お供え物を捧げて死者の霊と話していました。この儀礼がおこなわれるのは真夜中です。私は見ていました。そして自分でもできるようになりました。墓での儀礼については、どの本にも書かれていません。

私は十七歳で結婚して、オロネッツの街に移りました。嫁ぎ先は非常に信心深い家でした。夫の家に行くと、家中、聖像画だらけでした。私は姑に言いました。「お義母さん、私は青年共産党同盟員なんですから聖像画はみんな片づけてください。友人たちが私のところに来るんですから、聖像画はみんな自分の部屋に飾ってください」姑は私の言うとおりにしました。

マルガリータの話には、「青年共産党同盟員だったから」という言葉が繰りかえされている。彼女は当時、大多数の青年たちと同じく、当たり前のこととして同盟の一員となっており、無神論者だった。その後、呪術知識を譲渡されたことによる力への目覚めなどがきっかけとなり、マルガリータは徐々に神を信じはじめることになる。しかし彼女は当時をふり返り、「まだ完全には神を信じていなかった」と言う。以下は、いかなる体験を経て心から神を信じるようになったのかについての語りである。

私のところに同僚の女性が相談にきました。彼女は、ある妻子持ちの男性と自分を結びつけてほしいと私に頼んできました。男性は結婚していて、教会婚もあげていました。私は、教会婚をしている者を別れさせてはいけない、ということはわかっていました。はっきりと理解してはいたのですが、この頼みを聞き入れてしまいました。彼女はヒステリー状態で涙を流し、もし助けてくれなければ首を吊ると言ったからです。私は彼女に、相手の写真を持ってくるよう言いました。私は心のどこかで、自分に何かが起こること、罰を受けることを予感していました。

教会婚とは、役所で籍を入れるだけでなく、教会で神の前で永遠の愛を誓うことである。以下は、神に対して後ろめたく思いながらも夫婦を引き裂く施術をおこなった後に、マルガリータに起こった出来事である。

私は当時、お店の仕入れ係として働いていたのですが、商品を運び出しにかかった時に突然、下腹部に恐ろしい痛みを感じました。家に帰りましたが、痛みがおさまりません。娘が救急車を呼びました。

私はまったく健康だったのに、左右の卵巣が破裂していました。もう少しで死ぬところでした。すぐに手術が始まりました。手術は長時間に及びました。助からないだろう、と私のことを話しているのが聞こえました。

全身麻酔で手術がおこなわれていた時のことです。私は夢を見ました。髭を生やした老人が、天使を連れて現れました。そして「これがお前が中絶した子どもたちだ」と言って、とても可愛らしく美しい赤ん坊を私に見せました。九人か十人いました。老人は言いました。「これがお前のやったことなのだ。お前は悪魔の領域に足を踏み入れた。だからお前は罰を受けたのだ。強い罰を。しかしお前は善なること、良い行いもたくさんしている。七つの教会と七つの修道院と七つの孤児院に寄付をおこなえ。神は存在する。神がいなければ何事もなすことはできない。お前はそのことをよく知っているはずだ！　もしふたたび他人に悪をなせば、お前は命を奪われるだろう、一生苦しみのうちに過ごすことになるだろう」

マルガリータによると、この時に夢に出てきた髭の老人は、正教の聖人のひとり、奇跡者ニコライである。当時、マルガリータは教会に通っていなかったために知らなかったが、のちに教会にある聖像画でニコライであることを知ったという。

数々の中絶と教会婚を引き裂こうとしたことにより罰せられたマルガリータは、退院後、夢で老人に命じられたとおり、七つの教会と修道院と孤児院に寄付をおこなった。以来、彼女は神を信じるようになったという。三十二歳の時のことである。教会に通うようになり、聖書も繰りかえし読み、わからないことを司祭に質問するようになった。司祭はマルガリータのオカルト実践については完全に

超能力者ヴィクトル。手にしているのは，夢で現れたという大天使ミハイルの聖像画。

超能力者カーチャ。自らのもっている力のせいで，すべての電化製品が壊れてしまうと語った。

否定的で、やめるように説得しており、彼女の魂のために祈っているという。しかしマルガリータは、自分の力は神に与えられたものであり、自分の周りに満ちているのは白い力、すなわち善なる力であるとする。彼女は伝統的呪術師同様、洗礼を受けていない者を治療することは難しいと考えており、クライアントにはまず正教会で洗礼を受けてから自分のところに来るよう言っている。

以上が信仰をめぐるマルガリータの語りである。この話は、超能力者としてのライフヒストリーを語ってほしい、という私たちの求めに対して語られたものである。これを語る際に、自分がかつて無神論者であったこと、けれど現在は深く神を信じるようになったことを、彼女が語るべきこととみなしていることに注目したい。彼女の中で超能力と信仰は一体化しており、信仰があっての超能力なのである。

超能力と神の関係についての語りは、ペトロザヴォーツク近辺の超能力者からも聞かれる。以下、先に述べた他の超能力者について紹介したい。女性超能力者ナジェージダは、私たちに正教の聖像画の画集を見せ、そこに描かれているひとりの老人が自らの師であると語った。また、彼女が治療に際して使う呪文には、キリスト教的モチーフが多分に入っている。男性超能力者ヴィクトルは、ある呪術師のばあさんのところに重い病気の友人を連れていったところ、彼自身が治療する力をもっていることを指摘された。ばあさんに十字架を背負って生きるか否かと問われ、それに合意すると、ほどなくして大天使ミハイル（ミカエル）が現れ、祝福してくれたという。こうして超能力者となったヴィクトルは現在、昼間は道路建設技師として働き、夜は無料で人びとを治療している。自分に助けを求めてやってくる人びとを決して拒まず助ける、という使命を自らに課しているのである。

女性超能力者ガリーナも、深く神を信じている。彼女の施術室には多数の聖像画が置かれており、クライアントの診断に際しては教会の蠟燭が使われる。祈禱を唱えながら蠟燭でクライアントの体の各部に十字を切ったり円を描くように動かしたりした際、火が消えたらその箇所に呪《のろ》いがあるということになる。ガリーナはクライアントには教会に通い、みずから祈禱を唱えることを勧める。女性超能力者カーチャも治療に際して、神の助けを求めると語る。神からの返事が否定的であれば、カーチャはクライアントに治療できないことを伝える。以上のように、超能力者たちは自らの力を神の力と結びつけているのである。

## 4　ロシアの呪術と世界のオカルト

さて、もし上記の超能力者たちが、伝統的呪術師から譲渡された知識でのみ実践をおこなっていたとしたら、彼らは超能力者でなく伝統的呪術師の範疇にとどまっただろう。では、そこから超能力者への一歩は、どのように起こるのだろうか。これについて、マルガリータの語りの続きをみていきたい。

## 世界のオカルトとの出会い

以下は、カレリア人老女と祖母から呪力を受けとり、知識が内部から沸きあがってくるようになってからの話である。

その後しばらくして、一年後かあるいは五年後だったか、書店である本に出会いました。以後、私はオカルト書に熱中するようになりました。そして驚きました。誰に習ったわけでもなく私がしていたことが、そっくりそのまま本に書かれていたのです。私はまったくそんなことは教わっていないのに!

マルガリータは自分の経験との一致を見つけたからこそオカルト書に信憑性を感じ、傾倒していくことになった。これと類したことは女性超能力者ガリーナも語っている。本から実践を学んだのではなく、自分で経験した後に本に同じことが書かれていることを発見した。もし経験する前に本を読んでいたら、そんなものはおとぎ話だと思うにちがいない、と。

ではマルガリータらが傾倒したオカルトとはそもそも何なのだろうか。渡辺恒夫はオカルトのキーワードを「科学」であると述べる。例えば霊魂不滅や転生、虫の知らせ、死霊のたたり、予知夢など、オカルトにおいて盛んに言及される現象があるが、それが「信仰」のレベルにとどまっている間は宗教であり、オカルトとはよばれない。しかしこのような現象を「科学」的に証明しようとすると、オカルトとよばれる。現代の科学で説明不可能な超常現象について、科学的な解釈を試みようとするのがオカルト的思考である〔渡辺 一九九八：一六八―一九二〕。このようなオカルト的思考においては、国や民族の違いは取り払われる。なぜなら、ロシアの呪術もアフリカの呪術も西欧のポルターガイストも、現代科学では説明できないが、しかし何らかの科学的根拠が可能だと想定される点においては、同列だからである。それゆえに、世界中の様々な現象が比較され、説明が試みられる。こうしたオカルト的思考に触れることによって、マルガリータのロシアの伝統的呪術への関心は、一気に世界中のあらゆる超常現象に結びつくことになった。以来、彼女はロシアの枠を飛びだし、さらなる知識を求めて猛烈に学びはじめた。そして次第にオカルト書を読むだけでは飽きたらず、オカルト・スクールに通うようになるのである。

オカルト・スクールとは、ロシアの都市部に多数存在する私営の教室あるいは講座で、占い、超能力、風水その他、様々なコースがあり、新聞・雑誌広告などで生徒を集めている。マルガリータは二十八歳の時に新聞広告を見て、ペテルブルグにヴードゥー呪術を習いにいった。ヴードゥー呪術とは、植民地時代の奴隷貿易でカリブ海地域へ強制連行されたアフリカ人の信仰が、カトリックと習合した事によって成立した民間信仰であり、ロシアにおいては一般に、死者を呼びだして邪悪な呪《のろ》いをかけるというようなおどろおどろしいイメージで受けとめられている。しかしのちの節に示すように、マルガリータのヴードゥーはこのイメージとはかなり異なる。ヴードゥー呪術においてマルガリータの師となったのは、V・アゲーエフというロシア人男性であった。マルガリータが電話をすると、星座と誕生日を尋ねられ、おうし座だと言うとすぐに入学が許可されたという。この時、マルガリータを含め四人が三カ月間、アゲーエフのもとで一緒に学んだ。ヴードゥー呪術師になるためには、段階を

オカルト専門紙『秘密の力』の広告ページ。どんな問題も解決するとうけあう超能力者たちの広告や，超能力者になるためのスクール情報が掲載されている。

経て様々な儀礼を授からなければならず、そのたびにお金が必要となる。それは恐ろしく高く、インタヴュー当時のお金に換算すると、総額十万ルーブルぐらいになるという（一ルーブル＝四円程度）。マルガリータにはそんな大金はなかったが、半分はどうにか掻き集め、残りの半分は学んだのちに治療で稼いで返した。こうして彼女は、ヴードゥー呪術師となる儀礼を授けられた。師匠のアゲーエフは現在、アメリカでこのような教育をおこなうセンターを開いているという。

マルガリータはまた、各種オカルトを専門にあつかう新聞『秘密の力《タイナヤ・ヴラスチ》』の広告を見て、モスクワにある超心理学スクールへも二カ月間学びにいっている。[2]このスクールを創設したIu・ポドゴルヌィーは物理学を学んだのちに心理学、哲学、世界の宗教、そして各種オカルトを学んだ男性である。彼の許でマルガリータはバイオエネルギーについて学んだ。彼に連れられて前世に行ったこともあるという。

こうした学びを経て作りあげられたマルガリータの治療儀礼は、多分に異種混交的で、ロシアの呪術とヴードゥー呪術、バイオエネルギー術、カレリア人の呪術、ロシア正教会の祈禱などが組み合わさったものである。以下で彼女の儀礼を紹介したい。

## 異種混交の治療儀礼

マルガリータの施術は基本的に三つの部分からなる。①バイオエネルギー・レベルでの診断をおこなった後に、②ヴードゥー呪術にもとづいて病気や呪いを別の物体に移す転移儀礼をおこない、③仕上げとして今後、何者にも害されることのないように、墓で守護の儀礼をおこなう。儀礼を始めるべき時期は、月齢や曜日を考慮して決める。マルガリータによると、これらの治療儀礼は「チャネリング」により「アストラル界」を通じておこなわれるという。チャネリングとは、特別な能力によって常識的な方法では情報をやりとりできないような相手（高次の存在、神、死者、霊界人、未来人、宇宙人など）と交信することを意味するオカルト用語である。アストラル界も同様にオカルト用語である。人や動物がもつとされる重層的な身体のひとつがアストラル体とよばれ、魂体などとも訳されるが、このアストラル体をアストラル界に送ることによって、秘伝の伝授や儀式が成就するとされる。

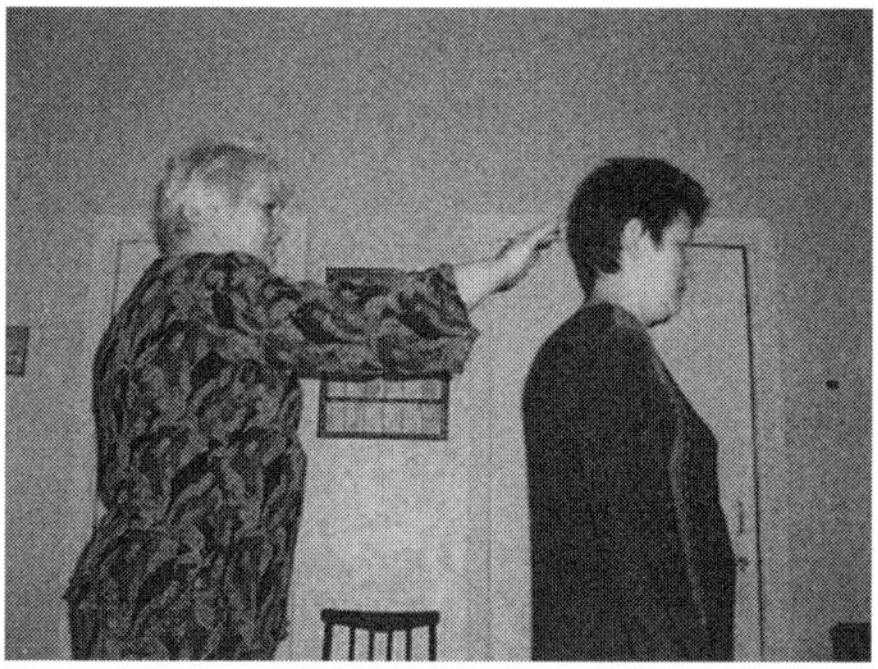

患者の体の周囲に手をかざすことによって，クライアントの健康状態，呪いの有無を診断するマルガリータ（左）。

まず治療の第一段階の診断についてである。これは手を石けんできれいに洗った後に、クライアントの体の各部に手をかざし、クライアントがどのように感じるか――熱か冷たさかなど――を尋ねていく。これによりクライアントの「バイオフィールド」の状態、「チャクラ」の状態、体の調和が保たれているか、エネルギーがブロックされている箇所がないかなどを調べるという。バイオフィールドとは、人体を取り巻くエネルギーの膜のようなものを指すオカルト用語であり、呪いがあると変形したり穴があいたりするとされる。チャクラとは人体の七カ所にある一種のエネルギー・センター（渦）であり、肉体と意識の調整と活性化に強く関係するものとされる。もともとヒンドゥー教のヨーガの用語だが、ヨーガとともにチャクラ概念も西欧に伝わり、オカルト用語のひとつになった。

診断では、マルガリータはクライアントのエネルギーを手で引っ張りだし、その手を蠟燭の火にかざす。その際、ネガティヴなもの、すなわち呪いがあると、マルガリータの掌《てのひら》に煤がついて黒くなるという。マルガリータはこの結果を見て、例えば十回の「転移儀礼《ペレノス》」と三回の墓での守護儀礼が必要である、などと判断をする。儀礼は一回約一時間半から二時間で五百ルーブルである。クライアント本人にかけられた呪いの除去には、合計で最低三千ルーブル、一族に伝わる呪いの除去の場合には最低七千ルーブルかかる。ちなみに、二〇〇四年当時の労働者一人あたりの平均月収は六千四百ルーブル程度である(3)。

診断の後に続く治療の中心を成すのが、ヴードゥー呪術から取り入れた「転移儀礼」とよばれる儀礼である。患者の体にある病気や呪いを他の事物に移すことによって、健康を回復させる呪術である。ヴードゥー呪術に、祖母から伝えられた呪文、書籍に印刷されている呪文、自分で作った呪文、正教会の祈禱を混ぜ合わせたマルガリータのオリジナル儀礼であり、これをおこなうと、以後四十日間、ネガティヴなものが体から去りつづけるという。転移儀礼には様々なものがあるが、以下では卵への転移儀礼を紹介したい。

私がこの儀礼を見学した際のクライアントは、看護婦として働いている中年女性リューバであった。彼女は頭痛に悩まされてマルガリータを訪れ、父方につながる「カルマ」的な呪いが存在するとの診断を受けて、治療を受けていた。カルマとは輪廻転生にともなって代々伝わっていく善悪に応じた因果応報のことであり、仏教からオカルトにも取り入れられた概念である。儀礼は昼間にマルガリータの治療センターでおこなわれた。

この儀礼は、クライアント自身が持ってきた新鮮な卵十個を用いておこなわれる。リューバはまず、パンツと首の十字架を残してすべての衣服を脱ぎ、九枚の聖像画が並べられたベッドに仰向けになり、両手に卵を一つずつ握った。その後、マルガリータはリラクゼーション音楽をかけ、リューバの脇に座って朗々と呪文を唱えながら、右掌を使ってリューバの体の上で卵を転がしはじめた。一つめの卵はリューバの臍《へそ》のまわりで転がされた。この際の呪文は、おおよそ次のような内容をもっていた。「鶏の卵に転移をおこなう。すべての呪いを卵に移す。腹から、卵巣から、腸から取り去る。体と心を開放する。すべての腫れ物、すべての不必要なもの、カルマ的なものを永遠に取り去る。すべての骨から、血管から、節々から、母方からきたものも父方からきたものも取り去る。邪悪なエネルギーよ、体から去れ。神の王国は永遠なり。父と子と精霊の御名において」これで一つめの卵は終わりである。つづいてマルガリータは呪いに退散を命じ、神、聖母マリア、天使たちの守護を祈願する様々な呪文を唱えながら、みぞおち、左右の胸、背中、首、頭などで卵を転がした。卵を使った転移儀礼の後、いくつかの所作がおこなわれ、一時間半ほどですべての儀礼が終わった。この儀礼に用いた卵は墓に埋められるか、あるいは街の外でガソリンをかけて燃やされるという。卵への転移の儀礼は三日に分けて、計三回繰りかえさなければならない。

さらに、牛の骨への転移儀礼についても簡単に紹介しておきたい。この転移儀礼では、買い物袋一杯分ぐらいの量の牛の背骨をクライアントの体に乗せ、それに病気や呪いを移すのだが、その際マルガリータは、理科の学習に使う人体解剖図を参照しながら呪文を唱える。体のすべての器官を列挙し、病気や呪いに対して、そこから去るよう命令するのである。例えば脳の部分に関しては、「前頭葉から去れ、後頭葉から去れ、海馬から去れ、右脳から去れ、左脳から去れ」のようになる。このような細かさで頭から足の先までの器官をすべて列挙するため、この呪文だけで約四十五分間もかかった。マルガリータによると、治療のためには人体について詳しく知ることが非常に重要で、そのために屍体安置所に何度も通ったという。

病気に向かって患者の体から出ていくように命令したり懇願したりするモチーフは、ロシアの伝統的な呪文においても頻繁にみられるものである。このような伝統にマルガリータが独自に科学知識を組み合わせているところが興味深い。伝統的呪文においては、「頭から去れ、心臓から去れ」というようなレベルで言及されていた体の器官が、解剖図の使用によってはるかに詳細になった結果、非常に「科学」的な呪文になっているのである。伝統的な呪術師が呪文や祈りを小声で唱えることが多いのに対し、マルガリータは朗朗と唱えるところにも特徴がある。マルガリータによると、彼女はエネルギーを操作しているのであり、そのためにはクライアントがきちんと聞いている必要があるという。

転移儀礼にはその他、病気や呪いを等身大の人形に移す儀礼、体中に塗りつけた小麦の生地に移す儀礼、ヤギの皮に移す儀礼などもある。

転移儀礼を一通り終えたのちに、治療の仕上げとして墓での守護儀礼がおこなわれる。墓でおこなう儀礼は多数あるが、私が見ることができたのは「円の守護儀礼《ナ・クルーク》」とよばれる以下の儀礼である。この儀礼の名称は、人の周囲に目に見えない円状のバリヤーのようなものを作り、それによって呪いなどから身を守るということからきているのであろう。

円の守護儀礼は三回に分けて別々の日におこなわれる。一回目は昼間、鉄の十字架が立っている三つの「名無しの墓」でおこなわれる。「名無しの墓」とは、十字架は立っているけれど名前も没年も何も書かれていない古い墓のことである。二回目はやはり昼間に、木の十字架が立っている三つの名無しの墓でおこなわれる。そして最後にクライアントと同じ名の七つの墓で夜に儀礼がおこなわれる。

マルガリータ（左）とクライアントのリリヤによる墓での儀礼。クライアントが自らの手で墓に供物を捧げる。

この手順で三回儀礼をおこなうことにより、非常に強い七十年の守護を立てることができるという。

私が見ることができたのはこのうちの最初の儀礼、鉄の十字架が立っている三つの名無しの墓での儀礼である。見学した際のクライアントは、長い黒髪が美しい、キルギス共和国出身のロシア人女性リリヤであった。彼女は一九六六年生まれで、二〇〇四年の調査当時三十八歳である。リリヤは健康問題に悩まされてマルガリータを訪れた。当初、リリヤはマルガリータの実践には半信半疑だったが、二カ月にわたって転移の儀礼を受けたことにより呪いが除去され、体の調子が良くなったという。奇跡のようだと私に話してくれた。儀礼は以下のようにおこなわれた。

まず、マルガリータとリリヤが墓地へ行き、名無しの鉄の十字架の墓を探した。適当な墓を見つけると、マルガリータが墓の盛り土の上に蠟燭を立てて灯し、リリヤが墓の盛り土の上に十字を描くように粟粒を撒《ま》いた。そして、リリヤがマルガリータの手を握って墓の脇に立ち、三度十字を切って片手で土に触れた。次にリリヤが墓の真ん中をじっと見た。ここでクライアントが揺れはじめると、力が入ってきたということだという。次にマルガリータが唱える呪文を、リリヤが一節ずつ復唱した。呪文は以下のとおりである。「黄金なる母なる大地よ、名も無き死者を一瞬目覚めさせたまえ。汝が持ち去った円を守護に立てるために。おお、大いなる虚無よ、名も無き死者を私のもとに一瞬呼び戻したまえ、円の守護儀礼のために。我に白き力と強さを与えたまえ。汝にはすべてが可能なり。おお、大いなる虚無よ、名も無き者の名において。ア！　オ！　ウム！」この呪文を三回繰りかえした。墓での儀礼は基本的に、カレリア人の祖母から伝えられたものだが、呪文の最後の「ア！　オ！　ウム！」はマントラ、すなわちインドのヴェーダ聖典の呪文であるという。

次にマルガリータは次のような呪文をクライアントに復唱させた。

私は守護の円を帯びる、汝は錠前と鍵を守りたまえ。今日の日から、この時刻から、この分から、この秒から七十年間、私が健康で幸せで豊かで、そうなりたいと思う私でありますように。永遠に永久に、この日から決して誰も私を損なうことはできぬ、決して誰も私を殺せぬ、決して誰も私から盗むことはできぬ、決して誰も私を売りわたすことはできぬ、決して誰も呪いをかけることはできぬ、決して誰も罪を着せることはできぬ、守護の円よ、位置につけ。強く強く、長寿で健康で幸せで豊かな人生を強化せよ。天が鍵で大地が錠前である。私に強力な守護を与えたまえ。鍵、舌、錠前は教会の敷居。(4)　アーメン。キリストの名において、我を許したまえ。汝はここに横たわれ、我は汝を生涯供養する。教会に行くたびに汝を供養する。父と子と精霊の御名において、アーメン。

そしてマルガリータは、決してふり返らないようにとリリヤに言い、ともに墓を去った。

以上で紹介したマルガリータの実践には各種オカルトが混交していたが、ペトロザヴォーツク近辺の他の超能力者の実践も、また同様である。男性超能力者ヴィクトルの自称は、「正教バイオエネルギー師」である。これはすべての生物体がもつと想像されるバイオエネルギーを操る者、かつそれをロシア正教の神の力を借りておこなう者という意味である。彼はクライアントの体に手をあててバイオエネルギーを感じとることにより、どこで問題が起こっているのかを診断する。そして自分の体をとおして、宇宙からのエネルギーをクライアントの体に注入することによって治療する。と同時に、何人もの呪術師から伝授されたロシアの伝統的呪文も、治療に用いている。

女性超能力者カーチャは、呪術師であった父から伝えられた呪文で呪いを除去したり、治療をおこなったり、人探しをしたりしている。と同時に、ネガティヴなエネルギーが噴出している箇所の封鎖活動をカレリア各地でおこなっている。このような場所では、ポルターガイストや原因不明の火事などが起こり、人びとは平穏に暮らすことができない。カーチャはなぜそれが出現したのか、あるいはどのようにバランスが崩れたのかについて、超自然的な方法でインフォメーションを得る。そしてアストラル体を操ることによって、そこにいる死霊などと戦い、ネガティヴなエネルギーを封じるのだという。

女性超能力者ナジェージダは、シベリアの呪術師に伝授されたという呪文を治療に用いる。と同時に、彼女の右目や右手から出るという「レーザー光線」を、クライアントの患部に照射して治療する。女性超能力者ガリーナは、伝統的呪術師であった母の知識を、「バイオフィールド」などの言葉で解釈しなおして治療をおこなっている。そんな彼女には、「レイキ」の力をもつサハ（ヤクート）人女性助手ジャンナ（二〇〇四年当時四十歳）がいる。レイキとは、大正期の日本で臼井甕男によって創始された臼井靈氣療法が海外で発展したもので、手当て療法の一種である。ふたりはそれぞれのもつ知識と能力を生かして、共同で治療にあたっている。

以上のように、ロシアの伝統的呪術は超能力者たちによって、世界のオカルトのひとつとして解釈しなおされ、自由に組み合わされて実践されているのである。

## 5　呪術の「科学」的根拠

では、ロシアの伝統呪術の原理を、オカルティストたちはどのように語るのだろうか。実用オカルト書『邪視・呪いといかに戦うか』（二〇〇三年、ペテルブルグ）の著者M・メシャロヴァは、邪視や呪いは完全に現実のものであるとして［Mesharova 2003: 10］、以下のように説明している。

太古の昔から知られていることですが、人間の強い思念や意思は奇跡を起こすことができます。すべての民族に呪術――他人のバイオフィールドや無意識領域に精神エネルギーにより作用を起こすこと――は存在していました。精神的緊張がみなぎる今日の社会において、意識的または無意識に他人を害する人びとは少なくありません。もしもネガティヴな感情が集中すれば、他人のバイオフィールドを変形させたり穴をあけたりすることになります。つまり民間で邪視とよばれている行為をおこなうことになるのです。もしも送られた思念が感情レベルにおいて強力であれば、バイオフィールドにより深刻な打撃を与える、つまり呪《のろ》いをかけることになります。［Mesharova 2003：47-48］

ここでは、邪視、呪いなどのいわゆる「迷信」が、「バイオフィールド」、「エネルギー」といった、伝統的呪術師が用いない言葉で説明されている。妬みや憎しみなどの感情が物質化することにより、バイオフィールドとよばれる各自の体を覆う目に見えない膜に直接的影響が及び、結果的に邪視とよばれる現象が生じる、と「科学」的に説明されているのである。

ロシアの呪術では伝統的に、卵、塩、蠟燭《ろうそく》、水などがよく使われるが、オカルト書ではなぜそれらが適しているのかについても「科学」的な説明がなされる。以下は呪術の活用を説くA・セミョーノヴァの著書『家の浄化――邪視、呪い、あらゆる不幸からの防御』（二〇〇〇年、ペテルブルグ）からの引用である。治癒の呪文を込めた水を病人に飲ませて回復させる、または、呪いの呪文を込めた食べ物・飲み物を与えることで病や不幸をもたらす呪術についての説明として読んでいただきたい。

卵、塩、蠟《ろう》、水、砂糖その他は、インフォメーションをよく吸収・保存する性質をもっています。それらをチャージすること、つまりそれらに呪文を唱えることは、エネルギー光線から成るインフォメーション・コードを設定するという考えにもとづいています。それによってインフォメーションは移動し、チャージされた物質の構造に組みこまれるのです。

例えば、液体（水、卵白、卵黄）に組みこまれたインフォメーション・コードは十日近く、塩なら二

～三週間、蠍なら半年かそれ以上有効です。

液体や塩は、人間の体に入ると盛んに代謝のプロセスに参与し、人間の無意識領域にインフォメーション・コードを書きこみます。人のオーラの中に蠍を置いた場合、蠍は神秘的・心理的なレベルでプログラムを微細な構造、つまりバイオフィールドの中に定着させていきます。インフォメーション・コードの実現は、液体や塩の場合よりも遅くなりますが、効果が劣るわけではありません。[Semenova 2002：40-41]

右の説明では、呪文はプログラムされたインフォメーション・コードと言い換えられている。人体に入りこんだインフォメーション・コードがプログラムとして作動する——これが呪文の作用のメカニズムということになる。呪文で良いインフォメーションを与えれば治療となる一方、悪いインフォメーションを与えれば呪いとなり、体に悪影響を及ぼすことが可能となる。プログラムというコンピューター関連の外来語が入っている点、また呪文の有効期限への言及により、詳細かつ「科学」的な記述となっている。

呪術についての「科学」的説明は、祖先から伝えられてきた知識は正しかったのだという結論に導かれる。以下は呪術・超能力研究がおこなわれている、モスクワのとある機関のメンバーによる記述である。

言葉の発声は、振動が基礎となっています。〈全宇宙〉は波動をもつ超小型素子——量子レベルにおいて——から成り、振動しています。そのため、しかるべき「呪術的な」言葉を正しく唱えることが、非常に重要になるのです。もしも言葉が必要な周波数と合致すれば、人と宇宙の不思議な相互作用が始まります。我々はそれを、患者の肉体の再編成というかたちで観察することができます。昔の呪術師たちは量子のメカニズムにもとづく説明はしなかったにせよ、このことをよく知っていたのです〔〈 〉内は大文字〕。［Kharitonova 1994：22］

ここでは、振動、量子、周波数などの物理用語を用いることによって、呪術の「リアリティ」が「科学」的に語られている。昔の呪術師たちが経験的に知り実行していたことが、現代科学によって完全に説明可能であることが述べられているのである。では現代ロシアにおいて、このような説明が必要とされるのはなぜなのだろうか。

呪術はなぜ効くのか、どうしてある行為をするとそれが呪術をかけたことになるのかについて、かつて当事者たちは何の説明もおこなわなかった。説明の必要がなかったのは、呪術が共同体の中で自明なものとして同意されていたからである。浜本は、呪術のように、そうすればそうなるからそうするのだ、というような同語反復以外に説明不可能な行為を支えるのは、「問答無用の自明性」、「根拠のない恣意性」であると述べている［浜本　二〇〇一：三八三―三八四］。たとえば、「犬と猫の毛を持って夫婦の間を通ること」と「夫婦が離婚すること」の結びつきは恣意的であり、客観的にみれば何の根拠もない。しかしそれを自明のものとする秩序の中では、そうすれば夫婦が別れるのだということは、何の説明もなしに受け入れられてしまうのである。

しかし呪術など迷信である、という教育が広くいきわたった現代ロシアにおいては、呪術の自明性はもはや、一般社会には共有されていない。そのため、「犬と猫の毛を持って夫婦の間を通ること」

と「夫婦が離婚すること」の結びつきは、多くの人びとにとって不可解にみえる。無神論教育を受けていたため、呪術など信じていなかったと語るマルガリータにとっても同様である。このような人びとが呪術を信じるためには、納得のいく説明が必要である。そのため、「科学」が呪術の説明にもちだされることになるのである。

ロシアに限らず現代世界において最も自明性を獲得している秩序は、言うまでもなく科学の秩序である。「科学」に訴えることは、他のあらゆるイデオロギー的、規範体系と同じく、ある信条や行為を正当化するものとして働きうる［タンバイア　一九九六（1990）：二七］。ロシアの呪術は西欧のオカルト研究の文脈に取りこまれることによって、「科学」的理論武装を得た。ただしここでロシアの特殊性を付け加えておくならば、ロシアにおいて科学の普及をおもに担ったのは、崩壊してまだ日の浅いソビエト政権であり、それが社会主義イデオロギーの文脈において推進されたことである。そのため、呪術は「蒙昧な迷信」などではなく「科学」的根拠をもつ実践であるという言説は、ソビエト政権の政策に対する批判につながる。呪いや邪視は不幸の原因として「科学」的に証明可能であるにもかかわらず存在しないものとされていた、呪文による病気治療にも「科学」的根拠があるにもかかわらず禁じられていた——このような「事実」を指摘することにより、かつての政策が間違いであったことが示唆される。その結果、呪術は無神論教育を受けた人をも、ときに取りこみうる力をもつようになったのである。

## 6　正教会による呪術との闘い

先に紹介したように、呪術や超能力はしばしば神の力によって成就すると語られる。しかしロシア正教会はこのような考えを激しく非難し、憂えている。教会にとっては目的にかかわらず、これらは悪魔の力を借りる反キリスト教的行為である。現在、教会付属の売店・図書コーナーには、聖書や聖人伝にまじって、聖職者によって書かれたオカルト批判の書物も置かれている。

以下では、カレリアの教会で購入した二冊の書物から、正教会側の論理をみていきたい。一冊目は、『呪術師、「治療師」、超能力者による被害者をいかに救うか』（二〇〇四年、モスクワ。以下、『被害者救済』）［Steniaev *et al.* 2004］と題された、五人の聖職者による共著で、総ページ数は二百五十ページである。聖人と悪魔との戦いが描かれた聖像画が表紙になっており、最初のページには、正教会の主教の祝福を受けて出版されたものであることが明記されている。二冊目は、ヴァジム司祭著『正教的方法による悪に対する防御――正教の聖職者の助言』（二〇〇三年、モスクワ。以下、『正教的防御』）［Vadim 2003］で、計七十八ページの薄手の本である。幼子イエスを抱いた聖母マリアの絵が表紙になっている。

『被害者救済』では、現代ロシアの日常生活にオカルトが広まっていること、国を統治する民主主義者たちが呪術師、セクト、悪魔崇拝主義者たちに自由を与えていること、オカルトの拡大を防ぐための法律がないことへの嘆きが記されている［Steniaev 2004 : 5-6, 9, 12］。そしてオカルト流行の原因は、ソ連時代の無神論教育により、人びとが真実を見る目を失ってしまったからであると述べられて

いる [Krashennikov 2004：61]。また、人を破滅へと追いやるオカルティズムの恐ろしさも語られている。一例をあげると、皮膚病に悩まされているある四十歳の女性が呪術師に助けを求めた。女性は時折教会に通ってはいたが、呪術の力も信じていた。呪術師は血を浄化すると言って女性の血に呪文を唱えた。それからほどなくして女性はうっかり手を切り、床に落ちた自分の血を踏んでしまった。三日後、彼女は自室のドアに首を吊って自殺した。このような例により、呪術師と関わることの危険性が警告されている [Steniaev 2004：30-31]。

この本ではまた、洗礼を受けていない者の治療を断ったり、問題解決のために七つの教会で蠟燭を買ってくるように命じたりする呪術師のばあさんたちについても言及されている。著者は、このようなばあさんたちは神に仕えているつもりであるが、実際にはそうでないと述べる [Krashennikov 2004：63]。「善良な」呪術師、「白」呪術師などはありえない、呪術師の力はすべて地獄を源としている [Shantaev 2004：80-81] と記されている。

以上が『被害者救済』における論調であり、『正教的防御』においてもおおむね同じである。どちらの本でも、悪魔の誘惑と戦った聖人の物語が紹介されており、巻末には呪術師や悪魔から身を守るために唱えるべき祈りの言葉が印刷されている。

『被害者救済』にはさらに、司祭のための手引きとして、「オカルト実践との絶縁儀礼」も掲載されている。著者によれば、現在では、呪術師が自らの行いを悔い改めるために教会へ懺悔に来るというようなことが日常的に起こっている [Beliaev and Galkin 2004：89]。通常の懺悔では、信者による罪の告白の後に司祭がすぐに許しの祈りをあげるが、オカルト実践が告白された場合、以下のモデルに沿った問答をおこなわなければならないとされる。

司祭：魂と肉を破滅させるオカルト実践との絶縁を望むか？
懺悔する者：心から望みます。
司祭：超能力、バイオエネルギー、無接触マッサージ[6]、催眠術、「民間」医療、伝統医療、呪術、占い、ポルターガイストを起こす交霊術、心霊主義、占星術、「至高の理性[7]」との交流、「宇宙エネルギー」とのコンタクト、UFOとのコンタクト、超心理学、テレパシー、「深層」心理学、ヨガその他の東洋の信仰、メディテーションなどのようなオカルト実践、およびその他の種類のオカルト実践が、悪魔とのつながりを深めるものであることを認めるか？
懺悔する者：これを認め、これをおこなったことを悔います。
司祭：オカルトをテーマとした書物を入手し、所持し、学び、広めたことを、オカルトをテーマとした講義や講座に参加したり、映画や写真を見たりしたこと、またオカルト的な知識を宣伝し広めたことを悔いるか？
懺悔する者：心から悔います。私が所持し利用する、オカルトをテーマとしたすべての書物を破棄することを約束します。
司祭：身近な人をオカルト実践に引きこむという、重い罪を犯したことを悔いるか？
懺悔する者：心からこの重い罪を悔い、私のせいで神に背く行いへと誘惑された者たちに、全力を尽くしてやめるよう説得することを約束します。
司祭：オカルト実践の結果として得た、普通でない「能力」や「才能」が、サタンの力に源泉をもつことを認めるか、この「能力」を放棄するか？

懺悔する者：すべての恵みの与え手でおられる神でなく、悪魔が私の「超人間的な能力」の源泉であることを認めます。その利用が、サタンと悪魔たちへの奉仕であることを認めます。今後、どのような状況においても、この「能力」に頼らないことを約束します。

司祭：サタンおよびオカルティズムによるサタンの業と絶縁せよ。

懺悔する者：サタンおよびサタンのすべての業、悪魔、すべてのその傲慢な考え、そして○○実践（ここには懺悔する者が実際に行っていたオカルト実践を入れる）を通じたすべてのサタンへの奉仕と絶縁します。

（以上の絶縁の問答を三回繰りかえしたのち、次の問答に移る）。

司祭：以後、オカルティズムに手を染めないことを約束するか？

懺悔する者：約束します。

司祭：罪をあがなうために、ロシア正教会の司祭を訪れることを約束するか？

懺悔する者：約束し、誓いの印に、我が救い主イエス・キリストの十字架と福音書に接吻します。アーメン（懺悔する者は十字架と福音書に接吻する。司祭はこの者のために通常の許しの祈りをあげる）。

[Beliaev and Galkin 2004：90-92][5]

呪術師や超能力者だけでなく、問題解決のために彼らのところへ行ったことのある者も、類似の懺悔をおこなわなければならないとされる［Beliaev and Galkin 2004：92-95］。司祭への手引きとして『被害者救済』に掲載された右のモデル問答からは、一切のオカルト実践はサタンへの奉仕であるとする考えが明確に示されている。この問答は、ロシア正教会のトップであるアレクシー二世の祝福を受けて出版された『正教カレンダー一九九五年』に印刷された後に、『被害者救済』に転載されたものであり、オカルティズムに対する正教会当局のオフィシャルな立場を示すものと考えてよいだろう。『被害者救済』の著者によると、ロシア国民のほとんどが過去にオカルト実践と関わっているといって過言でないという。ほとんどすべての人が、少なくともA・カシュピロフスキーやA・チュマコフなどの有名な超能力者をテレビで見たり、水にパワーを込めてみせるという彼らの呼びかけに応じて、テレビの前に水を用意したりした経験をもっている。またペテルブルグのような大都市では、教会を訪れる者の四分の一が、何らかのオカルト実践者のところへ通った経験をもつ [Beliaev and Galkin 2004 : 92-93]。このような状況にあって、正教会は人びとを「正しい」道へと回帰させるべく、オカルティズムと戦っているのである。

しかし正教会の闘いは成功しているとはいいがたい。教会は呪術への興味をしずめられないばかりでなく、皮肉なことに、むしろそれを助長しているとさえいえる。なぜなら正教会は、呪術を含むオカルト実践のモラリティは否定するが、その効力の「リアリティ」は否定しない(8)。このことは、右の引用から明らかである。むしろ積極的に「リアリティ」を支持しているといってよいだろう。正教会は呪術の「リアリティ」を肯定するという意味において、ソ連時代の無神論イデオロギーよりもはるかに呪術に近いところに位置するのである。二〇〇四年に宗教に関するアンケート調査をおこなったIu・シネリナは、教会へ通う熱心な正教徒のほうが、その他の者にくらべて呪術を信じる割合が高いことを明らかにしている [Sinelina 2006 : 38]。近年の正教会の復興は、事実上、呪術ブームに寄与しているといえるだろう。

呪術はときに悪魔的実践、ときにキリスト教的実践とみなされるというアンビバレントな性格をもっているために、二重の意味でソ連崩壊後のキリスト教復興と連動している。教会から非難されれば、そのネガティヴな側面における「リアリティ」が保障される。その一方で、民間でキリスト教実践と同一視されれば、ポジティヴな側面における「リアリティ」が保障される。ネガティヴな呪術に対しては、ポジティヴな呪術が求められるものであり、二重に保障された「リアリティ」は相互作用によって、さらに強い「リアリティ」を生みだしていくことになるのである。

## 7 無神論の「克服」

本章では、呪術と科学、呪術とキリスト教との関係を論じた。そこでは、「科学的根拠があるから呪術が効く」、「神の助けがあるから呪術が効く」という論理があった。しかしこれらの論理もやはり、循環論法である。なぜなら、「科学的根拠（あるいは神の助け）があるから効く」という議論において、通常「証明」として提出されるのは、呪術が「効いた」という体験である。たとえば、呪術を「科学」として実践する超能力者マルガリータのライフヒストリーにおいて、まさに呪術・超能力が「効いた」ということが、その「リアリティ」を確信するうえで重要な役割を果たしていることは明らかである。つまり、「効いたから科学的根拠があるのだ」、「効いたから神は実在するのだ」というかたちで、呪術の「科学性」や神の「実在」が証明されているにすぎない。ここでも論理の正当性は検証されることはなく、あたかも証明済みの事実であるかのように語られてしまうのである。

呪術が「科学」として語られること、ソ連崩壊後のロシアではキリスト教がモラリティの源泉として圧倒的な権威を獲得していることにより、現在、呪術の「リアリティ」を信じることは、社会主義イデオロギーの克服としてさえ語られうる。以下に示すのは、男性呪術師A・アクショーノフによる記述である。高等技術学校の教師として働きつつ、キリスト教実践として呪術をおこなっているアクショーノフは、「工学博士」であるV・パクとの共著の中で、自戒の念を込めて読者にこう語りかけている。

> 病気や不幸が邪悪な呪術師らによるものだと信じることは、もちろん最初は難しいでしょう。すぐには納得しがたいことだと思います。世界観を変えることはそう簡単ではありませんし、彼らの存在はずっと否定されてきましたから。〔……〕私は中等技術学校、大学で教育を受けてきました。そこでは無神論、マルクス゠レーニン哲学が教えこまれました。神は信じていませんでした。私にとっても、最初は自分の無神論的世界観を克服するのは難しいことでした。〔……〕残念ながら、邪悪な呪術師、悪魔やその他の魔物がいるというのは現実です。[Aksenov 2001：5-6]

アクショーノフにとって、無神論やマルクス゠レーニン哲学は乗りこえられるべき過去の世界観である。なぜなら呪術は「科学」的に立証可能であり、呪術のリアリティを信じること、治癒が神の力によって為されることを信じることこそ、より「科学」的かつキリスト教的モラルにかなった世界観だからである。本章で提示した超能力者たちの語りを解釈し、総括すれば、良い目的のための呪術は、神の意にかなう「科学的」実践であるといえるだろう。

# 第四章　マスメディアが作りだす新たな呪術ネットワーク

ロシアにおける呪術の活性化は、社会主義体制の崩壊を境に始まった。その際に大きな要因となったのは、体制転換によって言論の自由の幅が格段に広がったことである。科学的世界観を標榜するソビエト政権下において、呪術の「リアリティ」を肯定するような情報は、マスメディアではいっさい流れなかった。呪術を信じる者は社会の周辺部にまだら状に存在してはいたが、彼らは当局による逮捕を恐れて、ひっそりと隠れて実践をおこなっていた。そのため、多くの人びとにとって、ソ連時代には呪術は存在しなかった。しかしソ連時代末期以降、情報統制が崩壊し、長年の無神論政策への反動も手伝って、呪術に関する情報が巷《ちまた》にあふれるようになった。

現在、ロシアの村や都市で、呪術師やそのクライアントなどに呪術について教えてほしいと頼むと、「ここに書いてあるから読めばいい」と言って、本や新聞を見せられることが少なくない。ナターシャもまた、このようなマスメディア情報の利用者のひとりである。本章では、現代ロシアにおいて呪術についての情報が、マスメディアを通じてどのように流れているのか、それがどのように呪術の「リアリティ」を補強するのかを記述する。また伝統的には秘儀とされてきた呪術知識が大衆化しつつあることも示したい。本章で参照するのは、カレリアを中心とする北ロシアで参照できるメディアである。

## 1　実用呪術書の売られ方

呪術関係のメディアのひとつとして、日常生活に役立つという呪文を多数掲載した実用呪術書がある。実用呪術書をあつかう出版社の多くは、ソ連崩壊後に大量に出現した民間の出版社である。なかでも、心理学および健康関係のジャンルに強い出版社が呪術をあつかう傾向がみられる。たとえば一九九六年にモスクワで創設されたリポル・クラシック社(1)の場合、純文学、児童文学、美容と健康、宗教書、実践心理学、実用書、辞書、趣味の本など部門と並んで、占星術・呪術部門がある。一九九八年にペテルブルグで創設されたネフスキー・プロスペクト社(2)の場合、純文学、社会評論部門などと並んで民間医療・心理学・オカルト部門があり、呪術に関する本はそこに入っている。一九九〇年代末にペテルブルグで創設されたプライム・エヴロズナク社(3)の場合、児童書、心理学、ビジネス・経済、健康・開運、コミックスなどの部門があり、呪術は健康・開運部門に入っている。実践呪術書の出版部数は、ベストセラーを除けば、通常五千〜数万部である。

呪術実践のための手引書は、現在、ロシアの都市のどの書店でも売られているといってよい。村には書店はないが、都市への進学者や出稼ぎ者などの里帰りの流れにのって、本は村にも頻繁に持ちこまれている。本節では北ロシアの三軒の書店を例として、その売られ方を記述することにより、呪術が現代ロシア文化のどこに位置づけられているのかをみていきたい。記述は二〇〇三年夏の観察にもとづくものである。

一軒目は、ペテルブルグの目抜き通りであるネフスキー通りに位置する書店《本の虫《ブクボエド》》である。《本の虫》は市内計十一カ所で展開する書籍チェーンである。入り口横のロッカーで鞄を預け、ガードマンの脇を通って店内に入ると、ソ連崩壊直後に訪れた時とくらべて格段に紙質の良くなった本が豊富に並んでいるのが目に入る。かつてのロシアの本は、日に焼けた藁半紙のような紙に印刷され、独特の埃っぽい匂いを発していたものだった。また表紙は、茶色をはじめとする地味な色調がほとんどだった。店が明るく感じられるのは、通りに面した窓から差しこむ光のせいばかりでなく、カラフルで光沢のある表紙の本が増えたことも大いに関係しているだろう。ペテルブルグ観光の目玉エルミタージュに近いこの店では、入り口近くの一番目に付きやすい場所に、鮮やかな写真を表紙に配したペテルブルグ・ガイドブックが並ぶ。店内には文学の棚、歴史の棚など様々あり、呪術関係の書籍は店の奥、大きな棚の下二段を占めている。一段目にはまず、『呪術百科』、『占い百科』、『秘儀大全』、『西洋の呪術』などの大型本（一冊約一・二キログラム）が並ぶ。ちなみに約六百編のロシアの呪文が掲載されている『呪術百科』第二巻の値段は二百十九ルーブル（二〇〇三年当時、一ルーブル＝約四円）である。労働者一人あたりの平均月収が約五千二百ルーブル、年金の平均額が約千六百ルーブル[4]であることを考えると、安くはない。二段目には、マスメディアで最も有名な呪術師N・ステパーノヴァ（次節で詳述する）の『呪術』シリーズをはじめ、『いかに邪視や呪《のろ》いと闘うか』、『呪術師の誕生』、『呪術師の業』、『家庭の呪術』、『星と呪術』など、ロシアおよび外国の呪術関係の本が並ぶ。ハードカバーも多いが、ペーパーバックなら三十ルーブルからある。縦一三センチ、全六十ページほどのポケット呪文集なら、たったの十ルーブルだ。物価の上昇にともない、病院に行くのも薬を買うのも難しいという理由で呪文の利用が勧められることがあるが、ペーパーバック版ならば、呪文は確かに安上がりな治療法である。

次に、カレリアの首都ペトロザヴォーツクの中心街、マルクス通りに面した書店《本の家》《クニージニー・ドム》の場合である。ここでは実用呪術書は、健康コーナーとでも名づけられるような一角を占める。回転式ラックに美容体操、健康呼吸法、マッサージ、薬草治療、泥治療、超能力治療、カルマ修正法、健康のための風水、幸せを呼ぶ花の生け方などをテーマとする書籍とまじって、呪術書が配置されていた。

先の二軒は様々なジャンルの書籍を扱う一般書店だが、三軒目は最近増えているオカルト書専門店のひとつ、ペテルブルグの《世界の薔薇》《ローザ・ミーラ》である。この店内は、国籍不明の不思議な空間である(左頁写真)。癒し系の音楽が流れる店の天井からは、中国風の提燈《ちょうちん》や薬玉、風鈴、扇子、掛け軸がいくつも下がっている。悪運を祓《はら》って幸運を呼び、夢を実現してくれるとされるネイティヴ・アメリカンの蜘蛛の巣形のお守り、数々の奇跡を起こしたとして聖者とあがめられるインド人サイババの写真、インドの修行僧が奇妙なポーズをとっている写真なども飾られている。この店には、ありとあらゆる神秘的・精神的なテーマの書籍が集められている。アトランダムに本のテーマをあげると、占星術、古代呪術、カバラ、ヴェーダ、ギリシャの神々、ピラミッド、死者の書、キリスト教、ユダヤ教、仏教、道教、ヨガ、レイキ、カルマ論、運命論、シャーマニズム、祖先崇拝、空手、風水、気功術、心理学、心理療法、マッサージ、薬草術、暗示、タロット占い、夢占い、超能力、テレパシー、バイオエネルギー術、コスモエネルギー術、予言、ヴードゥー、チベット、ヒッタイト、アトランティス伝説……。呪術師に弟子入りした人類学者K・カスタネダの著書や、呪術をテーマとするフランス人社会学者マルセル・モースの論文集なども ある。そんな店内の一角に、ロシアの伝統、ロシア神話、ロシアの昔話、ロシアの伝説、ロシアの儀礼と祝祭など、革命前のロシアの「伝統」を記述した書籍が集められており、ロシアの呪術もその中に収まっている。

この店では書籍ばかりでなく、リラクゼーション音楽のテープやCDも売られている。客層は若い。筆者の来店時には、二十代と思われる二人連れの女性が熱心にテープを選び、数人の若い男性が書籍を見ていた。店の入り口には掲示板があるが、道教やレイキなど各種セミナーの案内ポスターが貼られている。《世界の薔薇》は書店としてだけでなく、情報発信や交流の場としても機能していることがうかがわれた。類似の店はカレリアの首都ペトロザヴォーツクにもある。

書店《世界の薔薇《ローザ・ミーラ》》の店内。

三軒の書店を紹介したが、ここから現代ロシアにおける呪術の位置づけがわかる。第一に、実用知識としての呪術である。これは、《本の家》で各種治療法のバリエーションとして実用呪術書が売られていることからわかる。また《本の虫》の呪術コーナーでは、ロシアの呪術のみならず、西洋の呪術に関する本も並んでいた。「実用的」な知識が、国や時代を超えて積極的に取り入れられようとしているのである。

第二にロシアの「伝統」文化のひとつとしての呪術である。革命前の口頭伝承研究書やソ連時代に収集されたフィールド資料が近年盛んに出版・再版され、《世界の薔薇》のみならず一般の書店にも多数並べられている。このような伝統に関する書籍の前書きには、出版の目的として、ソ連時代に破壊された文化を取り戻すためと書かれていることが少なくない。なかでも呪術は「実用性」があるゆえに、より強くその喪失が惜しまれ、復活の必要性が強調される。

第三に自己探求、精神世界探求の方法のひとつとしての呪術である。これは《世界の薔薇》の店内がそのまま物語っている。ここに集められている書籍には、地域にも時代にも一貫性はない。共通するのは、未知なるものへの志向と自己探求である。買い手は店に集められた様々な書籍のなかから、自分に合いそうなもの、心惹かれるものを任意に選んでいく。ヨガや仏教をとおして自己探求する者もいれば、いわゆるロシアの伝統呪術を学ぶことをとおして自己のルーツを探ろうとする者もいるのである。

## 2　ベストセラー呪術師ステパーノヴァ

現在、実用のために呪文を大量に印刷販売する呪術師は少なくないが、なかでもずば抜けて有名なのが、ナターリヤ・イヴァーノヴナ・ステパーノヴァ（以下、本文中ではステパーノヴァとする）である。本節では彼女の活動を事例として、実用呪術書がどのように使われているのかを描きだしたい。

まずステパーノヴァの人物像についてである。彼女はシベリア最大の都市ノヴォシビルスクに住んでいる。一九九一年以降、次々と実用呪術書を公刊しており、その数は驚くべきことに、大小合わせて百冊以上にのぼる。(5) 発行部数は、例えば二〇〇四年に発行されたシリーズものでは、初版二十五万部である。ロシアの人口は日本の人口の一割増し程度であり、初版でこの数はベストセラーの範疇に入る。彼女の本はいずれも何度も再版されている。著作の多さから、研究者のあいだではステパーノヴァは実在の人物ではなく、ひとりの女性を装った複数の人間による著作であるとの疑いがもたれているが［Chernetsov 2004：56］、本稿ではステパーノヴァの実在性は問わない。実用呪術書の著者として有名であり、多数の人によって実在の人物とみなされ、その活動について賛否を巻きおこす――このように、少なくとも社会的には実在しているひとりの人物として彼女をとらえることとする。ステパーノヴァの本は私のインフォーマントのあいだでもしばしば話題になり、利用されていた。私が彼女の著作を知ったのも、インフォーマントの話を通じてであった。

ステパーノヴァはテレビ・ラジオには姿を現さず、本を出すのみであるため、年齢も含め詳しい経歴は不明である。本人が著書中で述べるところによると、代々呪術が伝えられてきた家系の子孫で、七歳の頃から母方祖母に呪術を習った［Stepanova ZSTs：I, 83］(6)。彼女の祖母は非常に有名な治療師であり、中国でさえ名を知られていたという。かつて毛沢東が長寿の秘密を部下に探させた時、そのひとりが祖母のもとにやってきたこともあるらしい［Stepanova ZSTs：XI, 8］。祖母は多数の呪術師と交流があった。ロシア人のほかに、サハ（ヤクート）人のシャマン、タタール人や中国人の呪術師と交流し、知識を交換していたという［Stepanova ZSTs：IX, 117；XIII, 193］。祖母はひっきりなしに助けを求めて訪れる多数の人びとを治療した。祖母に呪文を唱えてもらった人は、第二次大戦の際も皆、無事に戻った［Stepanova ZO：II, 3］。ステパーノヴァは子どもの頃から、こんな祖母の仕事を傍らで見ながら、徐々に技を学んだ。以上が、ステパーノヴァが自らについて著書で語っていることである。現在ステパーノヴァは呪文や占いなど、祖母から相続したという知識を次々と印刷・出版している。

百冊近い彼女の著書の代表作は、一九九六年からモスクワで発行されている『シベリアの治療師の呪文』シリーズ（以下、『呪文』シリーズ）である。題名にあるように、このシリーズのおもな内容は、生活の様々な場面に役立つ呪文である。一冊三十ルーブル程度で広く販売されており、二〇〇九年現在、二五巻までが既刊である。以下ではこれらの著書からステパーノヴァの活動を概観する。呪術をめぐる知識がどのようにあつかわれているのか、それによって呪術の「リアリティ」がいかに補強されているのかについて、伝統的な呪術師と比較しつつ考えてみたい。

## 万人に伝授される知識

ステパーノヴァは自らの著作を「教科書」、読者を「教え子」と呼び、彼らを「呪術のプロ」に育てることを意図して出版をおこなっている。ではこの「教育」はどのようにおこなわれているのだろうか。以下、ステパーノヴァの著書から、彼女の知識を受け継いで呪術師になる方法について書かれたものを二つ紹介してみたい。

一つめは、一九九二年にノヴォシビルスクで出版された『呪術の書』の記述である。[7]『呪術の書』では、病気治療の呪文、愛の呪文など、合計約百編の呪文がジャンル別に列挙されている。全五課に分けられた呪術の教えを始めるにあたって、ステパーノヴァは呪術師になれるのはどのような人かを説明している。呪術師には、そう生まれついた者、望まないのに呪術を相続させられてなる者、自ら望み、学んでなる者の三種類があり、彼女の読者は第三のカテゴリー――みずから望んで呪術師になる者――に入ることを述べる。みずから望んで呪術師になる場合、風呂小屋、十字路、または墓場で呪術知識を受けとる儀礼をおこなわなければならない。ステパーノヴァは、読者が自らの手で呪術師になる儀礼ができるように、風呂小屋、十字路、墓のそれぞれで、魔物あるいは死者の魂を呼びだすための呪文も印刷している。三つの場所のうち、墓で儀礼をおこなった場合に、最も強い力を得ることができるという。また、さらに大きな力を得るには、これら三カ所すべてで儀礼をおこなうのが良いとも述べている。呪術師になる儀礼を経ると、この本の呪文が効力を発揮するという[Stepanova GSTs: 94-96]。魔物や死者を呼びだすことによって呪力を得るという本書の記述は、革命前の民族誌における反キリスト教的呪術師についての語り口に、多くの点で一致している。

二つめは、一九九一年にノヴォシビルスクおよびクラスノヤルスクで出版された『黒呪術』である。(8)『黒呪術』は第一章が「月曜日」、第二章が「火曜日」というように、曜日が章題になっており、全七章から成る。それぞれの章には、様々な種類の呪文が分類されることなく無秩序に並んでおり、合計六百編以上の呪文が収められている。著者によると、月曜から毎日一章ずつ読みすすみ、日曜日まで進んだあとに最終ページの呪文を唱えれば、この本に書かれているすべての呪文が効力を発するようになる。この最後の呪文は、自宅の聖像画の前で燈明（聖像画の前に置く懸灯）を灯して唱えなければならない。すると、その場に天使と精霊が出現するという[Stepanova ZSTs: II, 236]。本書には『黒呪術』という題がつけられてはいるが、ここでのステパーノヴァの記述では、先の本とは異なり、その力の源がキリスト教的なものであることが前面に出されている。呪文を唱える場所は墓場や十字路ではなく、キリスト教的空間である聖像画の前である。その際に現れるのは、魔物や死者でなく、天使と精霊である。

以上、ステパーノヴァの二つの本における、呪術師になるための儀礼を紹介した。二つの記述は、キリスト教的か反キリスト教的かという点でまったく異なっており、その一貫性のなさからも、ステパーノヴァが実在するひとりの人物なのかどうかという点が疑われるが、それについてはここでは触れないこととする。性質の違いはあるものの、この二つの記述に共通するのは、このような儀礼をおこなえば誰でもステパーノヴァの知識を受け継ぐことができるという観念である。

このような考えは、革命前の資料とは明らかに異なる。かつては誰が唱えてもできる呪術と同時に、特別な力をもった者のみがおこなうことができる領域が存在しており、譲渡される者は一人ないし数人に限られていた。また、このような領域に属する呪文は人に言うと効力が失われると信じられていたため、むやみに明かされることはなかった。二章で紹介した四人の伝統的呪術師たちもまた同様に、限られた人数の者にのみ知識をわたすと語った。彼女らは、後継者以外には決して明かさない領域をもっていた。

一方、ステパーノヴァの本は数十万部単位で発行されており、特別な儀礼を要するような呪文さえ、開示されている。誰がこの儀礼をおこなっても呪術師になれるとされ、伝授される者の数は無制限である。ここではすでに、限られた個人から個人へ伝えるという、かつてあった呪術の秘儀性が失われてしまっているのである。

では、かつて秘儀であった呪術は、どういう論理で誰が唱えても効くものとなったのだろうか。そのヒントとなるのが、編集部によってステパーノヴァの著書の表紙裏に書かれている以下の言葉である。

> ロシアの偉大な治療師の手による本書は、生活のあらゆる場面で役立ちます。世紀を超えて我らの祖先から伝えられてきた呪文を活用しましょう。あなた自身の力で自分や身近な人を守ることができます。愛を守り、病気や不幸、裏切、背信から家庭を守ることができるのです。[Stepanova ZSTs: II, 2]

ソ連時代の宗教や民族文化への抑圧を経た現在、ロシアには一般に伝統文化復興への強い気運があるが、その影響であろう。ステパーノヴァが祖母から個人的に受け継いだ呪文が、じつに自然に別の文脈に置き換えられている。右の引用を解釈すると、この本に掲載されているのは、ステパーノヴァの個人的な知識ではない。「我々の祖先の」知識、つまり「我々ロシア人の」知識なのだ。この遺産を知り、学び、利用する権利がすべてのロシア人にあることが示されている。民族の知識ならば、もはやステパーノヴァひとりが秘密の知識として独占すべきものではなく、助け合い精神のもと、万人に共有されるべきものである。秘儀的な性格を強く帯びていた呪術知識までもが、「我々ロシア民族の文化遺産」という語り口の中に回収されてしまったことにより、呪術知識は誰にとっても接近可能なものへと変化していったのである。

## 読者との対話

ステパーノヴァの代表作『呪文』シリーズは当初、どんな場合にどのような呪文を唱えるべきかが淡々と列挙されるという形式で書かれていた。しかし、次第に読者からの手紙が編集部に多数寄せられるようになったようで、シリーズの三巻以降、読者からの質問にステパーノヴァが答える形式になった。マスメディアで印刷される実用呪術書では、このような形式をとるものが少なくないが、この読者からの手紙は呪術の「リアリティ」を補強するうえで大きな役割を果たしている。本節ではこの点に注目しながら、ステパーノヴァの『呪文』シリーズをみていきたい。

親愛なるナターリヤ・イヴァーノヴナ〔ステパーノヴァ〕！　私には五人の子どもがいます。それなのに集団農業《コルホーズ》が解体され、仕事も家畜もありません。子どもはジャガイモばかり食べ、靴は交互に履くという有様です。服は私のものを縫い直して着せています。自殺も考えるのですが、子どもが怖がると思うとかわいそうでできません。でもこれから先、どうやって生きていけばいいのでしょう？　誰も私たちの面倒を見るどころじゃないってことは、わかっていただけると思います。父親自身がこの子らを捨てたのですから、ましてや他人が面倒を見てくれるわけがありません。夫は行方知れずです。ばあさん連中は、「結びの」お祈りというのがあると言います。食べる物も着る物も、履く物さえない子どもたちを夫に思い出させ、夫の心に住まわせ、心配させるようにするお祈りです。マリヤ・B
〔Stepanova 909ZSTs：174〕

この手紙に対し、ステパーノヴァは以下のように記している。


こんな手紙を読むのは、本当につらいことです。何しろ、必要以上に多くの物を持つ人もいるのですから。でもマリヤさん、絶望しないでください。主《しゅ》は情け深いお方です。〔……〕満月の夜に夫の写真を蠟燭《ろうそく》の火の上にかざしながら、この呪文を唱えましょう。その際、机に石を三つ用意しておきます。石はひとつは道で、ひとつは水の中から、ひとつは家のそばで拾います。呪文を唱えたら、石をみんな頭巾に包んで結び、川に投げ入れます。すると夫はまもなく戻るでしょう。

夫を受け入れるかどうかはあなたが決めることですが、子どもへの援助はするようになります。

〔Stepanova 909ZSTs：174-175〕

ステパーノヴァは相談者にこう話しかけたうえで、次のような呪文を教えている。

聖なるものは聖なる人に！
聖なる我が天使らよ、
黄金に輝く教会の丸屋根よ、
十字架よ、聖像画よ、復活祭の鐘よ、
声をあげよ、鳴り響け。
鐘の音は神の僕なる△△に届け、
彼を捕らえよ。
鐘の音よ、彼の熱き胸を封じよ、
聖なる錠と固き鍵で。
彼は迷わず疲れず、
戸口まで帰り着け。
日の照る昼も月の昇る夜も、
彼は我の許へ通え。
彼は子どもなしには
一時も一刻も耐えられぬ。
子に何を飲ませるか案じよ、

子に何を食べさせるか悩め。
憂いに押しつぶされてしまえ、
柩の板のように。(9)
彼は一滴も飲めぬ、一切れも食べられぬ、
自らの子に飲ませぬうちは、
自らの子に食べさせぬうちは。
糊のように貼りつけ、
血を分けた子らに。
我の言葉は固く強く、
どんな呪術師にも破れない〔……〕。[Stepanova 909ZSTs: 176]

次に、女性から息子のアルコール中毒についての相談である。

私は母親です。私のことを理解し、助けていただけるものと思って書いています。悪いのは息子なのかもしれません。でも、私は愛する息子を助けてやりたいのです。

事の始まりは、息子が家族を捨てたことでした。ほかの女性を好きになったと言うのです。最初の嫁が〔息子の新しい家庭に〕来て、目の前でウォッカの瓶を割って叫びました。「妻を捨てて、あばずれ女に乗り換えたのなら、アル中になってくたばってしまえ!」私は嫁をなだめようとしました。心から同情していましたから。でも彼女は私を突き飛ばして出ていきました。二人めの嫁は、割れたガラスを拾って床を拭きながら言いました。「心配しないで。大丈夫だから」ところが、以前は飲まなかった息子が飲むようになったんです。それもただ飲むのではなく、浴びるように。二人めの嫁は耐えきれずに出ていってしまいました。一方、最初の嫁はその頃までに再婚し、新しい家庭をもちました。

私は彼女〔一人めの嫁〕のところへいき、誰にアル中の呪《のろ》いのかけ方を教わったのか教えてくれるよう頼みました。しかし彼女は、それを教えてくれたばあさんは死んだと言いました。そういうわけで、私の息子は飲んだくれのままです。息子は私以外には誰にも必要のない人間になってしまいました。

[Stepanova　ZSTs：IV, 26]

この手紙に対して、ステパーノヴァは「助けられます」と述べて、三つの方法を教えている。第一の方法は以下のようなものである。

四月一三日に小川から左手で濡れた小石を拾い、黙ってふり返らずに家に持ち帰ります。家でそれを冷たい飲み物に入れて、こう唱えてください。「川底の石が水を飲まぬように、△△も酒を飲まない。アーメン」そしてアルコール中毒者に飲ませてください。[Stepanova ZSTs：IV, 27]

アルコール中毒の治療法として、ステパーノヴァはさらに、以下の二種類の方法を示している。

男性の遺体の足を結わえていたロープを、水の中ですすぎます。この水に呪文を唱えて、酒飲みの男性に飲ませてください。次のように唱えます。「死者○○は酒を飲まない。同じように神の僕《しもべ》なる△△も飲みませんように。アーメン」女性に飲ませる場合には、女性の遺体のロープを使わなければなりません。[Stepanova ZSTs: IV, 27]

生きている小魚をアルコール飲料の中に入れ、すぐに引き上げます。この飲み物に呪文を唱えて、飲んだくれに飲ませてください。「この小魚がウォッカの中でおののくように、神の僕なる○○の心もウォッカを見ておののきますように。アーメン」[Stepanova ZSTs: IV, 27]

次の手紙は、若い女性からのものである。短命の呪いの祓《はら》い方についての手紙である。

うちの家系はみんな三十歳になるまでに死んでしまいます。両親が死んだ後、私たち兄妹は親戚に育てられました。二人の兄と一人の姉は、もう死んでいます。残っているのは私ひとりです。私は二十九歳です。つまり、もう長くはないということです。結婚はしませんでした。自分の子どもを孤児にしたくなかったからです。母親なしで生きるのがいかにつらいか、身にしみて知っていますから。すべては、曽祖父がみんなの見ている前で、女呪術師の息子をぶったことから始まりました。その時、女呪術師は皆の前で素手で雄鶏の頭を引きちぎり、こう言ったのです。「イサイヤ〔曽祖父の名〕、雄鶏が頭の分だけ短くなったのと同じように、お前の一族も……」どういう言葉だったのか、残念ながら私はよく知りません。数日後に曽祖父は亡くなりました。その後、三十歳にならないうちに彼の子どもたちも死にました。うちの者はみんなこの話を知っていますが、他人には話しません。不安に陥らないように、まっ

たく話題にしないようにしています。[Stepanova ZSTs: XIII, 28-29]

これに対し、ステパーノヴァは次のように答えている。

お手紙をくださったこの女性が、一族全員の寿命を縮めた女呪術師の名前を知らないことが悔やまれます。このような呪詛から永遠に逃れるためには、まず自分の家で雛から雄鶏を育てます。雄鶏の鶏冠《とさか》と顎の下が立派になり、尾羽が生えはじめたら、首をはねます。首をはねることができるのは、雄鶏を育てた人だけです。実行は満月の夜です。新しい頭巾を丸太の上に置き、夜中の一二時ちょうどに斧で雄鶏の首をはね、こう唱えてください。「この雄鶏が永遠に穀粒をついばまぬように、暁に時を告げぬように、我が一族の短命も永遠に失せよ。父と子と聖霊の御名において。永遠に、永久に。アーメン」雄鶏の頭は頭巾に包んで、木の下に埋めます。雄鶏の死体は犬にやってください。[Stepanova ZSTs: XIII, 29]

以上、ステパーノヴァに寄せられた三通の手紙と、それに対する返信を紹介した。これ以外にも彼女には膨大な手紙が寄せられており、それらは次々と出版される新刊に掲載されている。

こうした形式の著作において読者の手紙がもつ効用としては、以下の二つが指摘できるだろう。第一の効力は、呪術の「リアリティ」を自明のものとする人びとが多数存在する、という事実が示される点である。呪術によって不幸が起こったと信じる者による語りや、呪術によって問題が解決できるに違いないと考える者の手紙が数多く響きあうことにより、ステパーノヴァひとりが語っていた頃にくらべて、呪術の「リアリティ」がはるかに多くの人びとによって保証されるようになっている。読者の手紙の第二の効用は、呪術をめぐるイメージが格段に豊かにふくらんだ点である。読者は単に、問題解決の技術として呪文を知るのみならず、呪術をめぐってどんな出来事が起こりうるのかも知ることになった。体験談や相談の手紙は、呪文のテキストよりも読んでおもしろく、記憶に残りやすい。体験談を通して、呪術をめぐる様々な事例が知られることにより、読者自身の身のまわりに起こる出来事についても、呪術的解釈を与える素地が形成されうると思われる。

ちなみに、ステパーノヴァへの相談者の年齢は、十代から八十代まであらゆる世代にわたる。女性からの相談が多いが、男性からも少なくない。居住地はおもにロシア連邦内だが、CIS各国（旧ソ連に属していた十二カ国で形成された独立国家共同体）、およびアメリカなどへの移民からの手紙もみられる。相談者の職業構成は、農業従事者から年金生活者、店員、起業家、大学教授、俳優、裁判官まで広範にわたる。

先にライフヒストリーを語ってくれたナターシャも、夫の浮気に悩まされていた頃、ステパーノヴァに手紙を三通書いている。ステパーノヴァからは、遠くからあなたを助けているという返信があり、その後しばらくは夫との関係が好転したり、仕事が見つかったりしたとのことであった。呪術など信じていなかったというナターシャが信じるようになった背景には、ステパーノヴァの著書も一定の役割を果たしていると推測できる。ナターシャはおそらく、このような本を通じて呪術を信じる人を全国に多数発見し、彼らの語りを通じて、呪術的な因果関係の解釈により深くなじんでいったのである。

## 全国の呪術師の師として

『呪文』シリーズが巻を重ねるにしたがって、ステパーノヴァのもとには問題をかかえる一般市民からのみならず、長年各地で呪術師として活動している者からも手紙が送られてくるようになった。それを受けて、『シベリアの治療師の呪文』シリーズ三巻以降では、彼らからの手紙を専門にあつかうコーナーができている。この呪術師向けコーナーでは、呪術師に特有の悩みがとりあげられる。例えば、治療をおこなう際にクライアントの病気や呪いを受けてしまうことがあるが、それを避けるにはどうすれば良いか、というような問題である［Stepanova ZSTs: X, 138-141; XIV, 165］。途切れることなく助けを求めてくる人がいるため、多くの時間が奪われるという悩みもある［Stepanova ZSTs: XII, 170］。また多くの時間を割き、できるだけのことをしているにもかかわらず、感謝されなかったり、金を取るだけで何もできないと陰口をたたかれたりする、という悲しみを語る手紙も少なくない［Stepanova ZSTs: XI, 148-149; XII, 169-170］。医者が治せなければ人びとはおとなしくあきらめるのに、呪術師が治せなければペテン師とよばれてしまうのである［Stepanova ZSTs: VI, 162］。さらに他人の幸運を奪いとった、死の呪いをかけたというような濡れ衣を着せられたと憤慨する者もいる［Stepanova ZSTs: XIII, 191］。そのような手紙に対しては、ステパーノヴァは「同僚」として共感し、「神はすべて御覧になっています」となだめる［Stepanova ZSTs: XI, 148-149］。

さて、全国の呪術師から手紙が寄せられるこのコーナーにおいて最も多いのは、自らのクライアントを助ける方法を教えてほしいという内容の手紙である。呪術師のところには様々な問題をかかえた人が訪れるが、その解決法がわからない場合がある。そんな時に、各地の呪術師はステパーノヴァに教えを請うようになったのである。以下はその一例である。

尊敬するナターリヤ・イヴァーノヴナ！　知らないことについて質問できる人がいるというのは、ありがたいことです。私は呪術治療を行っている者ですが、最近、不思議で奇妙な出来事にぶつかってしまいました。説明します。私に助けを求めてきたのはひとりの青年です。結婚式の最中に突然、下痢が始まったというのです。彼は文字どおり、パンツに漏らしてしまいました。下痢は川のごとく流れだしました。本人によると、腹痛も何もなかったとのことです。蛇口をひねったみたいに始まったのです。彼はあわをくって教会から飛びだしました。〔……〕薬は効きませんでした。結婚式は台無しです。結婚式の前に教会のそばで、彼の最初の妻が近づいてきて、〔自分のもとに戻ってくれるよう〕懇願し、その後、脅しをかけてきたとのことです。もしも今すぐ自分と家に戻らずに教会へ行って結婚式を挙げるなら、目にもの見せてくれる、と言ったのです。パーヴェル〔青年の名前〕は、最初の妻の祖母がいろんなこと〔呪術〕ができる人だということは知っていました。妻の祖母のもとには、様々な問題をかかえた人が助けを求めて通ってきます。でも彼はまさかこんなことになるとは思わなかったのです。パーヴェルは入院しました。病院では下痢は止まりました。しかし〔二人めの妻のいる〕家に帰ったとたん、ふたたび下痢が始まったのです。こういう時はどうやって助ければよいのでしょうか？［Stepanova ZSTs：IX, 106–107］

質問に対しステパーノヴァは、この呪いをかけた呪術師に下痢が「帰っていく」呪文を与えている。呪術師は三日間、トイレに走ることになるとのことである。この種の質問状は多数送られてくるが、ステパーノヴァが知らないことは何もない。どんな複雑な問題に対しても対処法を教える。こんな彼女に対しては、次のような感謝の言葉が送られる。女性からの手紙である。

ナターリヤ・イヴァーノヴナ、いつもあなたの教えを心待ちにしています。あちこちであなたの本を探しまわっています。私はもう長らく〔呪術で〕人びとを助けています。かなり難しい問題でも解決することができます。以前、自分は多くを知っていると思っていました。しかし、あなたの本で学ぶようになってから、私の技は大きく伸びたことを感じています。[Stepanova ZSTs: VI, 163]

ステパーノヴァは呪術師たちに欠けている知識を教え、レベルアップに貢献しているとみなされると同時に、失われた知識の保存者としても語られる。以下の二通も女性からの手紙である。

尊敬するナターリヤ・イヴァーノヴナ！　私は三十五年間も人びとに尽くしています。私の祖父らも曽祖父らも呪術師でした。我々の家系には、豚に変身できる呪術師もいたぐらいです。〔……〕しかし、徐々に一族の主要な知識は失われていきました。苦しい時代、我々の一族からも死者が出たため、世代間の自然なつながりが失われてしまったのです。記憶はもちろん残ってはいますが、かつて祖先が知っていたことの半分ぐらいしか私は知りません。

ナターリヤ・イヴァーノヴナ、私はあなたの本を大変うれしく思いながら読んでいます。私の血の中には、治療術への興味が無意識のうちにあるようです。あなたのしてくださったことすべてに感謝しています。[Stepanova ZSTs: XI, 148]

祖父から聞いたのですが、以前はその気になれば大雨を降らせたり、霧を作りだしたりできるほどの強い呪術師がいたらしいですね。でも政権が信仰者に対する戦いを始めたせいで、みんな自分の技を隠すようになってしまいました。どれほどの知識が失われたことか！　あなたが私たちに教えてくださるのはすばらしいことです。〔Stepanova ZSTs：VII, 150〕

右の手紙から読みとれるのは、これらの知識は本来ならば祖先から直接伝えられるべきものであった、しかし政治的状況により不幸にも伝えられなかったという伝統喪失の認識である。この欠落を埋め、他人を助け、次の世代へと伝承していくために、読者である呪術師たちはステパーノヴァに手紙を書く。すべての質問に応えるステパーノヴァは、失われつつある伝統を最も完全な形で保持しえた者としてふるまっていると読みこむことができる。ソ連時代を経た現代ロシアにおいて、伝統喪失の語りは多くの人びとに共有されているものであるが、ステパーノヴァはこの言説をうまく利用することにより、全国の呪術師たちの師匠という地位を確立していったのである。

### 無限に創造される「伝統」

様々な求めに応じてステパーノヴァがこれまでに印刷した呪文の総数は、千編を優に超える。彼女はこれらを「祖母から伝授された知識」としている。しかし、ひとりの人物がこれほどの呪文を譲渡されるケースは、私の調査経験でも、これまでの民族学・口頭伝承研究においても見あたらない。私は二〇〇二年の村での調査で、呪術師の残したノートを数冊採集したが、そこに記されていた呪文はせいぜい二十～三十編であった。それと較べると、ステパーノヴァの呪文の量は桁違いである。ステパーノヴァの呪文は一部、革命前に学術目的で出された呪文集などからの無断転載であることが研究者によって指摘されているが［Chernetsov 2004］、ほとんどの呪文が「伝統的」な呪文の形式をふまえたうえでの創作と思われる。この点を示すために、ステパーノヴァの呪文と革命前の呪文を比較してみたい。

ステパーノヴァの示す呪文群の最大の特徴は、その用途の細分化である。治療の呪文を例としてみてみよう。革命前の資料集の治療の呪文のおもな病名は、歯痛、血止め、熱病、火傷《やけど》、アルコール中毒、できもの、腫れ物、打ち身、蛇の咬み傷、犬の咬み傷、夜泣き、グルィージャ、邪視、呪《のろ》いなどで、その他は「すべての病気のための呪文」で終わりである。しかし、ステパーノヴァの呪文集では病名が増えている。例えばガンに関して、ガン一般に効く呪文のほかに、咽頭ガンの呪文、肺ガンの呪文、乳ガンの呪文、子宮ガンの呪文、前立腺ガンの呪文、皮膚ガンの呪文、骨ガンの呪文、小児ガンの呪文などが出現している。また愛の呪文を例とすると、革命前およびソ連期に採集された呪文集では、おおむね「愛させる呪文」と「愛を冷ます呪文」しかない。しかしステパーノヴァの呪文集には、「夫が愛人を車に乗せられないようにする呪文」、「夫が出張先で浮気をしないようにする呪文」、「夫の愛人にいやがらせをされた時の呪文」、「夫に捨てられた病気の妻が唱える呪文」など、非常にシチュエーションが細分化している。細分化している呪文はステパーノヴァの創作と思われる。

一部の研究者は、このような呪術師の出版物を激しく非難する。呪文のモチーフ分類研究をおこなっているV・クリャウスがそのひとりである。彼は自らの論文中で、呪術師を自称して実用目的の呪文集を出版している者たちを何人か名指しし、彼らの著書は「偽フォークロア書」であると断罪している。クリャウスはこのような「出典不明」のテキストを含んだ呪文集がなだれをうって出版され買われている状況を憂え、口頭伝承研究者の手によるきちんとした呪文集の出版を急ぐべきである、と結んでいる[Kliaus 1999 : 54]。クリャウスにとっての「本物」の呪文とは、大学や研究所に所属する研究者によって採集され、しかるべき情報（インフォーマントの氏名、生年、採集年、採集地、採集者名など）を付してアーカイヴズに保存される、というような手続きを経ている呪文のことであり、それ以外はすべて「偽物」である。しかし、ここではクリャウスのように本質主義的な立場をとるのではなく、ポスト社会主義時代の新現象としてとらえなおしてみたい。なぜステパーノヴァはこれほどの創作をおこなうのだろうか、また、なぜ新たな創作が「民族の伝統」として大衆に受け入れられうるのだろうか。この答えは、ソ連時代の政策を背景とした、呪術の伝統喪失のパラダイムから生じる想像力にある。

個々人の不幸には、細部にまで注目すれば無数の形態が存在する。困難に陥っている人は、自分のシチュエーションに最も合った呪文により解決をはかろうとする。そのため、もしも身近な呪術師が必要な呪文を知らないとしても、あるいは身近な呪術師に唱えてもらった呪文が効かないとしても、それはソ連時代に伝承が断絶したからとみなし、どこかにより完全な形で呪文の知識が伝えられているかもしれない、もっと効く呪文があるはずだという想像により、呪文を探しつづける。この想像力が、ステパーノヴァによって創作された新しい呪文を、「伝統的」な呪文として受け入れさせる素地となっている。なぜなら、それが「本当の伝統」なのかどうかは、誰にも確かめようがない。呪術迫害の時代を経て、ステパーノヴァのもとにしか残されなかった知識である、という解釈の余地が常に残されるからである。こうした伝統喪失のパラダイムにより、ステパーノヴァは無限に呪文を創作することが可能になった。読者は助けを求める手紙を書くことにより、はからずもステパーノヴァと共同で「伝統」を創造しつづけることになったのである。たしかに出版の時点では、ステパーノヴァの呪文は「偽フォークロア」かもしれない。しかし、それが「本物」であると考える人びとによって実践され、伝えられていく過程で、フォークロア化しつつあるといえるだろう。

ステパーノヴァは九九パーセント同じ内容の本に、別の題名をつけて売るなど、営利主義的な出版活動をおこなっており、呪文創作の動機はおそらくビジネスであろう。しかし伝統喪失の言説が共有されているがゆえに、創作した呪文を「伝統」として提示すればするほど、読者は「喪ったもの」の大きさを実感することになる。読者たちはそのたびに、「失われた知識を取り戻してくれてありがとう」と感謝するのである。

## 3　地方紙における呪術講座

以上ではステパーノヴァを例として実用呪術書というメディアをとりあげたが、次に新聞における呪術情報を紹介したい。現在では大衆向けの新聞に、占いやオカルティックな記事が掲載されることは珍しくなく、呪文が紹介されることもある。そのような記事の一例として、カレリアの地方新聞『選択《ヴィボル》』での連載を紹介したい。

『選択』は週一回刊、発行部数は三万部である。創刊は一九九八年の年末で、ニュースをはじめとする様々な記事が掲載されている。この新聞で一九九九年二月から五月までの間に十四回にわたって、ペトロザヴォーツクの女性呪術師マリヤ・フョードロヴナによる呪術講座が掲載された。まず、編集部の紹介によるマリヤの経歴をみてみよう。マリヤは村の男性呪術師の孫娘であり、多くの人びとを助けて感謝されている人物であると記されている。自称は今はやりの「治療師」である。民間医療について書かれた本を読んで学びつつ、自らの天賦の才を信じて治療をおこなっているとのことである。彼女の年齢は書かれていないが、子ども時代に第二次大戦を経験したとあるため、七十歳以上と思われる。編集部による紹介は次のように締めくくられている。

『選択』紙の読者は、その他の我々の同胞と同様、善意にあふれた有用な助言を必要としています。マリヤ・フォードロヴナはそれにぴったりの人物です。今号から、皆さんそれぞれに向けて書かれた《治療師》コーナーを設けることにしましょう。（*Vybor* 5 (6), 6-12 Feb. 1999）

第一階から三回での連載では、病気治療の呪文、家にかけられた呪《のろ》いを解く呪文、軍隊で上官にいじめられないための呪文などが紹介されている。第四回連載の冒頭では読者からの反響があったとして、編集部はこう記している。

人が最も助けを必要とするのは病気の時です。読者の反響から判断するに、善意の助言〔マリヤが与える呪文〕への需要は高まったようです。現在、病気の治療は難しくなっています。薬は高いですし、この動乱の時代に生じる不愉快のせいで、健康の増進は期待できません。だからこそ、治療師の言葉はこれまでになく必要なのです。（*Vybor* 8 (9), 27 Feb. - 5 Mar. 1999）

体制崩壊にともなう社会状況の悪化と関係づけて呪術利用を呼びかけるのは、現在の典型的な語り口のひとつである。医療について述べると、現行のロシア憲法でもソ連時代同様、すべての国民に無償の医療を受ける権利が保障されている。しかし現実には、無償医療機関は必要な資金を受けとっておらず、質は落ちつづけており、多くの医療サービスが有償医療に移りつつある。ロシア国民の医療に対する支出は、年々増加している。[11]また、国民の五分の一から三分の一の収入が最低生活費を下回っているとされる近年の現状では、薬代の負担が重いと感じる人は少なくない。こうした現状を背景として、今こそ呪術が必要とされる時代と語られるのである。

第七回連載では、冒頭に編集部からの言葉として、家庭菜園なしには生活できない社会状況、さらに、北国では野菜が高価なこと、栽培にも苦労がともなうことが述べられ、呪文が年金生活者や畑仕事の初心者に役立つことが強調されている。ソ連崩壊後、インフレのために年金が大幅に目減りしたことにより、老人にとって家庭菜園は命の綱といってもよい。また一九九〇年代には給与未払いが数カ月続くことも珍しくなかったため、都市住民にとっても、ダーチャ（郊外の土地と、そこに建てられている小屋）での自力での食糧生産は重要であった。この第七回連載では、まず畑を耕す前に唱えるべき呪文が紹介され、その後、キュウリ、タマネギ、ニンジン、トマトなどの作物別に、種まきの時に唱えるべき呪文が記されている。

第一一〜一二回連載では、犯罪がとりあげられている。ソ連時代、「物はないが安全だけはある」と揶揄されたものだが、崩壊後、犯罪が急増した。一九九九年をピークに、犯罪件数は徐々に減少傾向にあるとはいえ、それでも殺人および殺人未遂は、一九九〇年と二〇〇二年で比較すると二倍以上に増えた。また この間、公然奪取は約二倍、強盗は約三倍、麻薬関係の犯罪はじつに十倍以上になっている。[12]このような状況を受けて、一一回目の連載の冒頭では、「法が守ってくれることを願いつつも、別の手段も講じておくのは無駄ではないでしょう」（*Vybor* 15 (16), 17-23 Apr. 1999）との編集部からの言葉があり、以下呪文が続く。泥棒に入られないために家を出る時に唱える呪文、泥棒に入られてしまった場合に盗まれた物を返させるための呪文などである。

第一二回ではマリヤは、ひとり息子を殺人によって失った人を話題にしている。そして、万が一このような悲劇が起こり、犯人がつかまらなかった場合、犯人の一族が七代先まで呪われるようにする呪文を紹介している。葬式で使った蠟燭を使って唱える呪文であり、犯人の名前さえわからなくても効くという。マリヤはこのような呪文を公開することによって、犯罪者が人を殺す前に思いとどまってくれることを期待すると書いている。誰であろうと、自分の血縁が七代先まで非業の死を遂げることは望まないはずだからである。マリヤは最後にこう述べている。「これで不幸な人びとを救うことができるなら、警察組織のお役に立てるなら、私は大変うれしく思います」

以上が『選択』紙における連載である。ここで注目すべきは、実用呪術書を買わずとも、誰もが日常的に読む一般紙上でも、呪術についての記述を目にすることができるという点である。マリヤの呪術講座では貧困、泥棒、浮気、アルコール中毒など、誰もが直面しうる問題がとりあげられている。その結果、「ひょっとして」と考えて呪文を唱えてみる者は、必ず出てくるだろう。連載により、ペトロザヴォーツクの街ではマリヤの名は知られている。私が偶然知り合ったインフォーマントのなかにも、問題解決のために彼女のところに通ったことのある者が何人かいた。第一章の呪われたナターシャもそのひとりである。

さて、以下はおまけの後日談である。街の者から二〇〇二年に聞いた話だが、比較的最近、マリヤをめぐってこんな出来事があったという。冬のある日、マリヤの毛皮の帽子が盗まれた。彼女は激怒し、マスメディアを通じて帽子泥棒を脅した。「もしも一週間以内に私の帽子を返さなかったら、盗んだ奴をインポにしてやる!!」すると一週間のうちに、合計七十四個もの帽子が彼女のもとに送られてきたという。治安の悪い当地において、同時期に帽子を盗んだ者がどれほどいたのかは不明だが、そのうちの七十四人までが脅しに屈したというのは驚きである。マリヤが第一一回、一二回連載で犯罪抑制を期待して犯罪者への復讐の呪文を掲載していることを述べたが、その効果は無視できないようである。マスメディアに流れる呪術情報は、ある程度の信憑性をもって人びとの生活に入りこんでいるのである。

## 4　口コミ情報紙における助け合い

現在のロシアには、健康や治療に関する情報を専門にあつかう新聞が多数存在する。カレリアの首都ペトロザヴォーツクの新聞キオスクに行き、「治療関係の新聞をください」と言えば、五〜十紙は出てくる。この種の新聞では、掲示板形式のものがよく見られる。紙面の大部分が読者の投書から成り、読者同士が紙上で情報交換するのである。

本節で紹介する新聞『アイ・ボリート!』[13]は、このような掲示板形式の健康情報紙のひとつである。北ロシアでは広く読まれており、都市部でも村落部でも「役に立つ新聞」として受け入れられていることが観察できた。本節では『アイ・ボリート!』紙において、どのように呪術知識が交換されるかを見ていきたい。

この新聞は、一九九五年に北ロシアのアルハンゲリスク州都で発刊された。月二回刊で、二〇〇四年当時、発行部数は約二十万部、紙面は縦A4の幅をやや広げた程度の小型サイズで、ロシア連邦内

『アイ・ボリート！』紙の表紙。多数の口コミ情報が掲載されている。伝統医療が数多く含まれているため，挿絵には伝統的な衣装の人物像が多い。

のみならず、ＣＩＳ各国で予約購読できる。『アイ・ボリート』紙では全八ページのうちの一ページが、「あなたの助けを待ってます」と題された掲示板になっている。そこには毎回、全国の読者に助けを求める十件余りの投書が掲載される。患者の年齢、病気になった時期、および医者には治療できない苦しい症状が手短に語られ、「お願いします、どんな方法でもいいので教えてください」というような言葉の後に、投書者の名前、住所や電話番号が記される。記事を読む者は、投書によって紙上で回答することも、投書者に直接連絡をとることもできる。

この新聞の「あなたの助けを待ってます」のページ以外はすべて、前号までの投書に対する応答、あるいは他の人にも役に立つであろう体験談や治療薬レシピに関する投書、そして「薬草お分けします」「薬草売ります」という個人広告でうめられている。投書の一例をあげてみよう。ぎっくり腰に苦しんだ時に卵とテレピン油で作った湿布薬で治ったという体験談、オトギリソウの汁を飲んで鬱病が完治したという体験談、太陽光による水の浄化方法についての情報、就寝前にスプーン一杯の砂糖を食べて水を飲めば頭痛が治るという情報など、様々な治療法についての投書がある。これらの情報は、たまたま知り合いから聞いたり、新聞や本で読んで知ったりした情報であり、いずれも実体験によってその効果が「保証」されている。くわえて時折、「科学」的根拠が強調されることも見逃せない。たとえばオトギリソウの効果に関しては、アメリカの医学界でも注目されていると書かれている。(14)このような『アイ・ボリート！』紙の紙面に、呪術の話題もごく自然に混在している。以下は、胸の腫瘍について助けを求めるムルマンスク州の女性の投書である。

もう十年も乳房のしこりに悩まされています。この間、豆粒大だったしこりは大きな腫瘍に変わりました。医者は乳腺の切除を勧めます。でも、私はまだ迷っています。民間療法に望みをかけているからです。母は乳ガンで亡くなっているとはいえ、〔自分の腫瘍については〕邪視の可能性も疑っています。良い呪術師の住所を教えてくださる方はいらっしゃいませんでしょうか？　私は教師をしています。六月から八月の間は休暇がとれます。〔治療のためなら〕どんなに辺鄙なところにでも行きます。

ヴァレーリヤ・リヴォーヴナ・セルピク〔女性〕

一八四六八〇、ムルマンスク州、スネジネゴルスク市、ビリュコフ通り一三、八号室

(*Ai bolit !*, (453), 2004)

投書者は胸の腫瘍について、自然的な原因と並んで超自然的原因も疑っており、もしも邪視ならば、必要なのは医者ではなく、呪術師の呪文である。「どんな辺鄙なところにでも」と書かれているが、実際、そういう人は多い。今では口コミだけでなく、マスメディアを通じて各地の呪術師情報を得て、出かけていくのである。

次に、呪術的解決を求める手紙への返信の例をみてみよう。

『アイ・ボリート!』のページをめくっていたら、また助けを求める手紙を目にしました。だからまたペンを取ることにしましょう。今回は、キーロフ州のタチヤーナ・ザハーロヴナさん〔女性〕に対してお答えします。「〔夫の〕心が妻から離れた時のための呪文」を送ります。

ターニャ〔タチヤーナ〕さん、夫のシャツを持って川辺に出てください。シャツは袖のあるものでないとだめです。袖を持ってすすぎながら唱えます。

「川よ、灰色の水よ、広がる岸よ、洗い流せ、すすげ、神の僕なる△△〔夫の名を入れる〕から、プリティカとザロトカとウストトカ〔自分のもとにずっと留まらせるために、愛人が何かを埋めることによっておこなった愛の呪術〕と女のちょっかいを。彼女〔愛人〕のキス、あらゆる抱擁、彼女のささやき、口説き、誘い、いちゃつき、食べ物による丸めこみ、飲み物による丸めこみを。彼〔夫〕が家に戻り、神の僕なる我○○と共に暮らしますように。アーメン」

ターニャさん、もしも家庭の問題で私の助けが必要なら、お手紙ください。私にできることなら手助けします。ただし、住所を書いた返信用封筒を入れてくださいね。

エレーナ・イヴァーノヴナ・シェレストビトヴァ〔女性〕
スヴェルドロフスク州、スレドネウラリスク市
(*Ai bolit!* 4 (184), 1999)

明示されてはいないが、文面からして、投書者エレーナは多くを知る呪術師であろう。この投書は一九九五年のものだが、エレーナはその後も少なくとも二度投書していることが確認できた。一九九八年の第二五号には質問に答えるかたちで不眠治療の呪文、いびきを治す呪文を、第四二―四三号に

は不妊治療の呪文が掲載されている。引用した投書では直接手紙を書くようにとあり、個人的なつながりに発展していくことが予想される。

ここでエレーナはターニャに向かって書いているが、彼女の呪文はターニャだけでなく、同じように夫の浮気で悩んでいる女性たちに使われていくことになるだろう。またターニャだけでなく悩みをかかえるほかの読者も、エレーナに手紙を書いたり彼女の家を訪ねたりする可能性がある。なぜかエレーナの詳しい住所は記されていないが、街まで行って通行人に尋ねれば、おそらく彼女を探すことは難しくない。「治療をしているエレーナを知りませんか?」と尋ねれば良いのである。

次に、やはり困っている人のために知恵を貸そうという、別の投書を見てみよう。

『アイ・ボリート!』を読んでいると、いかに多くの女性が夫や息子のアル中に悩んでいるかを感じさせられます。私はかつて、断酒の呪文を〔ある女性から〕教えてもらったことがあります。これは暗示療法よりも効くとのことでした。

呪文は以下のとおりです。

「死人が棺桶から起き上がらず、酒を飲まないのと同じように、神の僕なる○○も酒を飲むな、朝から夕暮れ時まで、昼の真昼も、夕方も夜も。アーメン」

月が欠けていく時期に、真夜中に三度、ウォッカかビールに唱えて患者に飲ませてください。

G・V〔女性〕

〔アルハンゲリスク州〕オネガ

(*Ai bolit !* 45 (173), 1998)

アルコール中毒はソ連時代から大きな社会問題とされてきたが、ソ連崩壊後さらに状況は悪化している。二〇〇二年の時点で公式に登録されているアルコール中毒患者は約二百万人、アルコールを原因とする死亡者数は年間四万人以上にのぼる。[15]

右の投書者G・Vもおそらく、かつて家族のアルコール中毒に悩まされ、その苦しみを見かねた誰かから右呪文を教えられたようである。文面から察するに、G・Vは呪術師ではない。彼女が知っているのは、かつて自分の役に立ったこの呪文一編のみであろう。体系的な呪術知識は、伝統的には秘密の知識とみなされていたが、誰が唱えても効くとされる秘儀性のない呪文もある。そのため、呪術師でなくとも何かの機会に誰かに教わった一～二編の呪文をもっている人は、以前も今も大勢いる。彼らはかつて自分が病気にかかった時に効いた呪文、特定の災難のための呪文のメモを大切に保存しており、それに絶大な信頼を置いている。『アイ・ボリート!』紙では呪術師ばかりでなく、このような人びとも情報提供者となり、他人を助けようとするのである。

『アイ・ボリート!』の紙面全体に貫かれているのは、病気などに苦しむ他者への同情、共感と助け合いの精神である。

てんかんに苦しんでいる人たちの悩みを聞き、無関心ではいられません。もしも私の呪文が誰かの役に立つなら、うれしく思います。発作が始まったら唱えてください。

「サタンの仕業により、もがき、のたうち、血を流す、悪魔は喜ぶ。正しきキリストよ、我を助けたまえ、我を救いたまえ。悪魔の喜びのために、サタンのなぐさみのために、神の僕なる〇〇がもがき、のたうち、血を流すことのなきように。この体から、雄々しき頭から、熱き胸から、祓いたまえ、四方へ、四つの風にのせて。砂が聖なる川によって、命の水によって清められるのと同じように、この者の命も〔清めたまえ〕、今この時から死が訪れるまで。アーメン」

ナジェージダ・ミトロファーノヴナ〔女性〕
カレリア共和国
(*Ai bolit !* 47 (175), 1998)

助け合い精神によって各自が提供した口コミ情報は、ふたたび口コミ情報として流れだす。以下は、先のアルコール中毒の呪文について聞いたという人からの投書である。

うちの息子はひどく飲みます。一カ月も酒乱状態が続くことさえあります。本紙にアル中治療の呪文が掲載されたと聞きました。オネガに住む女性が送ってきた呪文です。探しましたが、その号を入手できませんでした。もう一度呪文を掲載していただけませんでしょうか。

M・P〔女性〕
カレリア
(*Ai bolit !* 33 (163), 1998)

編集部はこれに応えてふたたび呪文を掲載し、「M・Pさん、あなたの息子さんのお役に立つよう願っています」と記している。

以上、本節では掲示板式の新聞を見てきた。実体験にもとづいた口コミ情報が交換される本紙において、「呪文が効いた」という体験は、「医者に教わったとおりに薬を作って飲んだら効いた」という体験と同レベルで信じられうるものとなっている。ここでもステパーノヴァの著書などと同様、呪術知識が対面的な人間関係を越えて広がっていることを観察することができる。新聞を媒介として、呪術の「リアリティ」を共有する緩やかな共同体が形成されているのである。

## 5　地縁共同体に代わるネットワーク

本章では実用呪術書、一般紙における呪術情報、口コミ情報紙という三種類のメディアをとりあげた。ここでさらに指摘しておきたいのは、これらが互いにつながりをもっていることである。紙上呪術講座のマリヤは第一回連載において、実用呪術書を用いて学んでいることを告白している。また掲示板形式の新聞には時折、実用呪術書から引用された呪文が掲載される。ここではとりあげなかったが、テレビやインターネット上でも呪術情報は飛び交っている。こうして次々と引用されることにより、呪術情報ネットワークはあちこちでつながり合い、知識が空間を越えて循環しているのである。

革命前においては、呪術の語りは基本的に、村内などの地縁的なネットワークの中で、対面的に伝えられるものであった。しかし今ではマスメディアを媒介として、どんな辺鄙な村で起こった不思議な出来事も、全国レベルで広がることが可能になった。それがふたたび口頭で語られ、またさらにそれがマスメディア上に乗るという相互浸透状況がみられる。実用呪術書や新聞などを媒介とした、このようなゆるやかなネットワークは、かつて地縁レベルで共有されていた、呪術の「リアリティ」についての社会的合意に代わるものだといえる。現代ロシアにおいてはすでに、呪術など迷信であるとする人のほうが多く、村びと全員または都市住民全員というレベルでの合意はありえない。呪術の

「リアリティ」に合意する人によって作りあげられたネットワークの中でのみ、呪術は生きつづけているのである。

# 第五章　呪術実践を支える学術成果

呪術はそれを信じるか信じないかという面からの議論を引き起こすという意味で、フォークロアの中では特殊な位置を占めている。例えば、魔法の馬に乗って金のリンゴを探しにいくという内容の昔話を読んで、自分もやってみようと思う人はいない。昔話は単なるおとぎ話として読まれる。ところが、「呪《のろ》いをかけるためには、墓から土を取り、相手の家の玄関に置く」というような呪術についての調査記録は異なる。もちろん研究者の意図通り、この行為をおこなうと呪いになると信じられていると読む者もいる。しかしこの記述は、「民族の伝統を学びましょう」という呪術実践者によって、いとも簡単に実用の文脈に移殖されてしまう。研究者が記述しているのは、そう信じられているという社会的事実なのだが、あたかもそれが自然科学的な意味での事実であるかのように読み替えられてしまうのである。その結果、これを読んで実際に墓から土を取り、気に入らない相手の家の前に置く者がいる。不幸の原因は誰かに墓土を置かれたせいではないか、と考えはじめる者もいる。あるいはいつの日か、玄関に一握りの土が置かれているのを見て驚愕する者もいるかもしれない。研究目的でおこなわれた記述は、こうして否応なく実用の文脈に巻きこまれていくのである。

民族学者や口頭伝承研究者が研究目的で出版する呪術資料は、実用目的で出版される呪術書と共に、マスメディア上での呪術情報の双璧を成している。本章では、学術資料と呪術実践との関わりあいを描きたい。

## 1　流用される学術書

呪術研究と呪術実践の交差を象徴的に示す例が、A・アレクサンドロフ編の呪文集『ロシア民衆の七七七の呪文とまじない』［Aleksandrov 1997］である（以下、『七七七の呪文』）。『七七七の呪文』は一見、研究書風である。目的別に多数のバリエーションの呪文が収められており、例えば血止めの呪文だけでも九十五編にものぼる。呪文のテキスト以外に、呪文のモチーフについての解説や、他の国の呪文との比較研究論文も掲載されている。呪文テキストには各所に注釈が付されており、巻末には特殊語の解説と出典一覧もある。五十以上ある出典のほとんどは、学術的な目的で革命前に出版されたもの――I・サハロフ［Sakharov 1985］、L・マイコフ［Maikov 1869］、N・ヴィノグラードフ［Vinogradov 1907-1909］、M・サブィリン［Zabylin 1990 (1880)］、G・ポポフ［Popov 1903］などの著書――である。その他、ロシアの『金枝篇』とよばれるA・アファナシエフ著『スラヴ人の詩的自然観』［Afanas'ev 1995 (1865-1869)］、ロシア人なら誰もが知っているV・ダーリのロシア語事典［Dal' 1994(1903-1909)］、呪文の形態やモチーフの研究の集大成であるN・ポズナンスキー著『呪文』［Poznanskii 1995 (1917)］なども使われている。民族学・口頭伝承研究誌に掲載された論文・資料からの転載も多い。『七七七の呪文』は学術的な口頭伝承選集の体裁を装おうとしているようであり、この装いにはかなり成功しているといって良いだろう。編者はある程度の民族学・口頭伝承研究の知識をもっているようである。ところが裏表紙には、次のような宣伝文句が印刷されている。

この呪文集は、これまでで最も完全なものといえるでしょう。〔……〕本書は読者の皆さんに、この方面におけるロシア民族の壮大な精神的遺産を紹介するものであると同時に、呪文を治療行為に利用するすべての方のための無類の実践的手引書でもあるのです。[Aleksandrov 1997]

この本の前書きには、「呪文には大きな力があります。だから注意して使用しなければいけません」[Aleksandrov 1997 : 3] というくだりもある。これらの言葉からは、この本が明らかに実用志向をもっていることがうかがわれるのである。

学術研究が実用の文脈に置き換えられている例は、『七七七の呪文』以外にも多数の実用呪術書に見いだせる。結び目を使ったお守りの使用を勧める本においても [Krasnov 2003]、呪いが血を通じて一族に伝えられていくメカニズムを解説する本においても [Bednenko 2004]、巻末には研究書が出典として記されている。ではなぜ実用呪術書は、学術研究の成果を必要とするのだろうか。それは、「伝統」が破壊される革命以前に、研究者が「本物の呪術師」から集められた資料であることを示すことにより、その「効力」を保証しようとしている――こう読みこむことができる。私のフィールド調査においては、呪術師や超能力者が学術的な呪文集を利用して施術をおこなっている例も見うけられた。

実用文脈で引用される研究書には、原典中では呪術の「リアリティ」を否定しているものが少なくない。[1] とりわけ革命前にG・ポポフによって書かれた『ロシアの民間医療』は、医療の近代化を妨げる「迷信」を撲滅するために、多数の民族誌資料を駆使して書かれたものであり、著者は文中で呪術師を何度もペテン師呼ばわりしている［Popov 1903：60, 64, 82 他］。このような資料が元の文脈から切り離され、実用知識として現代に蘇ったのは皮肉なことである。現在、研究者たちはソ連時代に失われた伝統を民間に還元しようと、資料の出版に一生懸命になっている。しかしこれらは実践者によって「本物」の呪文、すなわち唱えれば効く呪文と読み替えられ、流用されてしまう運命にある。このような状況から、学術研究は、現代ロシアにおける呪術の「リアリティ」の再創造の一端を担っているといえよう。研究者たちははからずも、呪術の「リアリティ」を「学術的」に保証してしまっているのである。

## 2　民族学者への非難

呪術研究資料が意図せずして呪術リバイバルの一端を担っていることにより、現在、研究者のモラルが問われるという事態が起きている。民間におけるキリスト教実践についての研究をしている女性民族学者が、こんな話をしてくれた。

教会の司祭さまがね、「あなたは悪魔に憑かれている」って言うの。「私は心から神を信じています」って言うんだけど、でもやっぱり、「あなたは絶対、悪魔に憑かれている」って言うの。どうしてだかさっぱりわけがわからなくて……。それで、しばらくしゃべってるうちに、私が民族学研究をしてるって話になったのね。そしたら、「民族学は悪魔の学問だ。神を信じるなら研究はやめるべきだ」って。でも私は民族学が好きだし、どうしていいかわからないのよ。

呪術は罪であるとするロシア正教会当局の見解に従うこの司祭にとって、呪術研究も、呪術研究という分野を擁する民族学研究さえも罪である。敬虔な正教徒であり、研究のかたわら教会の復興運動にも取り組んでいるこの民族学者は、司祭の言葉に悩んでいた。これに似た非難は教会関係者からのみならず、時に民族学者自身によっても発せられる。ペテルブルグの民族学研究所で呪術研究をしている女性は、同じセクションで働く上司のことをこぼしていた。「呪術を研究するなんて、あんたは良い死に方しないよ」と嫌味を言われるのだという。

こんな状況の中で、学術的な研究成果は印刷物として、あるいはラジオやテレビの電波に乗って、どんな僻地の村にも入りこんでいく。研究者の語る言葉は、ある種の権威をもった情報として受けとめられる。これを象徴的にあらわすのが、共同調査者イリイチから聞いた話である。

ある村に行って、ばあさんをつかまえてインタヴューを始めたんだ。「悪魔ってのはどういう奴ですかね」って尋ねると、ばあさんは「悪魔ってのは尻尾があって、ずる賢いやつで、ああでこうで……」ってスラスラしゃべりだした。でもどうも変なんだ。どうも、どっかで聞いたことがある気がして。それで、「それは誰から聞いたんですか？」って訊いてみたんだ。そしたら、「ラジオだよ。偉い先生が言ってたんだから間違いないさ」って。そこで初めて、その「先生」ってのが自分のことだって気づいたんだよ。ラジオでそんな話をしたからね。自分で自分の話を採集してしまったんだ。大笑いさ。

こういうことは一回だけじゃなくて、何度もあった。でも、あのばあさんはすごかったな。そっくり私の言ったとおりに繰りかえしたんだから。

マスメディアをとおして広められる学術資料の浸透度は、フィールドで自らの研究成果にふたたびめぐり合うほど激しい。「失われかけている民族の遺産」として研究成果を一般の手に還元しようとすればするほど、この奇妙な循環は加速していくのである。

## 3 呪術を信じはじめる民族学者――「カレリア一有名な呪術師」の誕生

人類学者以上に当該社会に共有されている知識をもつ者はないという話は、人類学者の世界でよく聞かれるが［渡邊 一九九〇：二三四］、長年カレリア各地を調査してきたイリイチもやはり、誰よりもよく呪術について知っている。様々なメディアを通じて研究成果を発表しつづける彼は、「カレリア一有名な呪術師」とさえよばれている。このようによばれる研究者はイリイチだけではない。イリイチ以前には、カレリア人の呪術をテーマとしていた別の民族学者がやはり、「カレリア一有名な呪術師」とよばれていたという。実践目的か学術目的かに限らず、知識をもつ者はおしなべて呪術師であるという噂が立つのである。

そんな民族学者らは稀に、呪術をめぐる語りの近くにいるがゆえに、みずからその中に引きこまれていくことがある。イリイチが呪術を信じるようになったのは、一九七〇年代にヴェプス人（カレリア共和国に住むフィン系民族）の村に民族学調査に行ったことがきっかけだという。彼はひとりの老人から、自らにかけられた呪《のろ》いの話を聞かされた。それはジャガイモを使った別れの呪いだった。老人に良からぬ感情をもっていた人がジャガイモの皮をむき、皮を屋根の上に、イモを地下貯蔵庫に投げ入れて、こう唱えたのだ。「このイモと皮が二度と出会うことがないように、○○と△△も決して一緒にはいられない！」この呪いのせいで、老人は妻と別れることになった。悲しみに打ちひしがれた老人の迫真にせまる語りを聞いた時に、イリイチの無神論への信念が揺らいだという。以来、イリイチはフィールドで集めた呪文や呪術儀礼のうち、誰にでもできるとされるものを試しに使ってみるようになる。それが「効いた」ことにより、彼は呪術が「リアリティ」をもつという信念を深めていくことになった。

二〇〇二年に知りあった当初、イリイチは呪術の「リアリティ」を確信してはいたが、自らの呪術的能力についてはまったく認めていなかった。ロシアの呪術は上下二層に分かれているが、彼は自分にできるのは下層の呪術、つまり特別な能力を必要としない呪術に限ると考えていたのである。しかし現在では、わずかではあるが、自らに特別な呪術的才能があると考えるようになっている。それは次の悲劇的な出来事がきっかけだった。

最初の共同調査からちょうど一年後、二〇〇三年の夏に私がふたたびカレリアを訪れた時のことである。到着したばかりの私に、イリイチは静かに話しはじめた。「じつはとても悪いことが起きたんだ。五歳上の兄が遺体で見つかったって、さっき実家から連絡があった。兄貴は二週間前からオネガ湖で行方不明になっていて……」ことの起こりはこういうことらしい。オネガ湖畔の街ヴィチェグラに住むイリイチの兄には、年頃の娘がいる。二週間前、この娘の婚約者が、正式な結婚の申しこみのために両親をともなってヴィチェグラにやってきた。婚約式が終わって翌日、イリイチの兄は花婿と知り合い二人をさそって、四人でオネガ湖へ紅魚（チョウザメ類）を釣りに出かけた。その翌日には、紅魚を料理してめでたく結婚式を挙げるはずだった。しかし彼らは戻らなかった。湖で行方不明になってしまったのである。あまりの悲劇に何と言って良いかわからない私に、イリイチは話を続けた。それは、不思議な夢の話だった。

ナージャ〔イリイチの妻〕が夢を見たんだ。兄貴が行方不明になる一週間ぐらい前に。歯が四本、血も流れずに抜ける夢だった。歯が抜ける夢はいつも死の予兆だ。もし血が流れて抜けたら血縁の誰か、血が流れずに抜けたら血縁じゃない人が死ぬんだ。この夢について二人で話していた。ナージャの実家があるザカルパーチエ〔ウクライナ西部〕で、誰かが死ぬのかもしれないって。親戚じゃなくて知り合いがね。ところが私の兄が死んで、その婿が死んで……。四人で湖へ行って、四人帰らなかったんだ。四本の歯が抜けて、四人帰らなかったんだ。

イリイチは取り乱すでもなく、これは運命だったのだと静かに語った。兄は子どもの頃、水で死ぬとジプシーに予言されたという。その後、兄は二回溺れかけたが、二回とも引き上げられて無事だった。そのため、もう大丈夫だろうと皆が思っていたという。ところがまた溺れ、三回目の今回は助からなかったのである。

イリイチの兄が溺れたオネガ湖は、青森県を一回り大きくしたくらいの面積をもつ、大きな湖である。しかも湖底の水の流れが非常に早く、行方不明になったと思われる地点を探しても見つからないことが多い。潜水夫を投入してひとしきり探しても見つからないため、呪術頼みとなった。兄の遺体が発見されるまでの二週間、家族は様々な方法で生死を占い、遺体を捜した。

　家族はまず、ヴィチェグラの街で最も力が強いとされる女呪術師のところへ行った。彼女は殺された人、溺れた人、森で行方不明になった人を探すことができるという。女呪術師はピローグ（ロシアのパイ）、パン、銀貨などのお供えを持って森へ行き、森のヌシ《レスノイ》にイリイチの兄のことを尋ねた。三日後にふたたび森へ行って、彼女は返答を受けとった。森のヌシは、イリイチの兄が酒を飲んで喧嘩をし、殺されて湖に投げこまれる光景を彼女に見せたという。しかし、呪術師は遺体のありかを示すことはできなかった。

　これと並行して、兄嫁はイリイチのアドバイスに従い、呪術師でなくともできる方法を試した。「聖母の夢」と呼ばれる、キリスト教性を帯びた呪文を用いた呪術である。「聖母の夢」は、キリストの死の前に聖母マリアが予知夢を見たというアポクリフ（経典外聖書）が題材となっており、テキストには多数のバリエーションが存在する。前半は一般に、キリストと聖母マリアの会話から成る。マリアが恐ろしい夢を見たことをキリストに話すと、キリストはそれが正夢であると告げる（ただし、イリイチからもらった以下のバリエーションでは、キリストの返答は脱落している）。後半では、「聖母の夢」の効能が語られる。この呪文を唱える者、紙に書いて所持する者は、災いを避けることができるとされる。いわば万能のお守りである。

　イリイチによればこの呪文はさらに、あらゆる問いの答えを得るのにも役立つという。「聖母の夢」を唱えた後に、声に出して知りたいことを言い、テキストを枕の下に置いて寝る。すると、夢の中で答えを得ることができるのである。「聖母の夢」を唱えて寝た兄嫁はこんな夢を見た。夫が「暑い、暑い」と言って、水を求めている夢だった。彼女は、溺れた者が水を欲しがるなんて、といぶかった。

**聖母の夢**

「母上マリアよ，神の聖母よ，どちらでお休みになられたのですか，どちらで夜を明かされたのですか？」

「エルサレムの街です。私は，聖母マリアはよく眠れませんでした。怖い夢を見ました。怖い，恐ろしい夢です。母なる私は，天上の王キリストがあまりにも恐ろしい死を遂げる夢を見たのです。〔夢の中で〕お前は，天の王たるキリストは，ユダヤ人に捕えられました。ユダヤ人はお前を捕え，縛り，枷をはめ，手足に釘を打ちこみました。聖なる頭に棘の冠をかぶせました。聖なる唇を塞ぎました。そして聖なる顔に唾を吐き，罵倒したのです。何と不思議で罪深い夢でしょう？　神の僕なる者のうちの誰にこの『夢』が解けるでしょう，誰にわかるでしょう？」

昼に，暗い夜にこれ〔「聖母の夢」〕を唱える者には幸せが訪れる。火の中でも燃えず，水の中でも溺れず，森でも迷わず，法廷でも裁かれず，お産でも苦しまない。この者は主《しゅ》に救われる。すべての邪悪な者から，他人の誹謗から，悪党から，敵から神によって守られる。神よ，罪深き神の僕《しもべ》を救いたまえ。主よ，祝福したまえ，我らを憐れみたまえ。(眠る前に3回唱えること)

しかしまもなく、遺体が岸に打ち上げられているのが発見された。発見時、遺体は真夏の太陽に焼かれ、蝿にたかられ、カモメに肉をつつかれていた。遺体の状態から、夢を見た日にはすでに岸に打ち上げられていたことが推測された。

一方イリイチは「聖母の夢」により、女呪術師が森で森のヌシから得た返答とほぼ重なる夢を見た。そのためイリイチは、兄は事故死ではなく殺されたのだと確信している。兄のボートが岸で見つかったことも、この確信を深めた。事故ならばボートは湖に沈むはずだが、岸にあったということは、湖に兄を投げこんだ後に戻ってきた者がいるはずだからである。イリイチは「犯罪なんだ、犯罪なんだ、兄貴は殺されたんだ」と言った後、こうつぶやいた。「私は人生で初めて、自分が呪術師でないことを残念に思う。知識を受けとらなかったことを後悔しているよ」民族学者であるイリイチは、フィールド調査中に何度も、呪術知識を受けとってほしいと老呪術師に頼まれていた。呪術知識を受けとることは魔物を受けとることであると考えるイリイチは、恐怖からこのような申し出を断りつづけてきた。しかし、もしも呪力を受けとっていれば、兄の遺体をもっと早く見つけることができたかもしれないし、殺人者を探しだすこともできたかもしれない――こんな思いが彼を苛んでいたのである。

兄の遺体発見の報せを受け、イリイチは急遽、私との第二回共同調査を延期して、葬式のために実家に帰っていった。数日後、調査地で合流した彼は、こんなことを話してくれた。兄が行方不明になった時、イリイチはダウンジングで遺体を見つけようとしたという。ダウンジングとは、紐で吊り下げたナットを手に持ち、知りたいことを口に出して問いながら、地図の各地点での揺れを見るというものである。遺体のある場所では、ナットが円を描いて動くとされる。しかしその結果示された場所は、あまりにもヴィチェグラから遠かった。そのため、イリイチはそんなはずはないと思い、やはり自分にはこんなことは無理だとあきらめていたらしい。ところが遺体の発見場所は、ダウンジングの示した場所とほぼ同だった。これは地元で一番の呪術師でさえ、言い当てられなかった事実である。その夏、兄の遺体発見までに、ヴィチェグラの住人が十一人もオネガ湖で行方不明になっていたが、遺体が見つかったのはイリイチの兄ひとりだけだったという。「私は呪術師みたいになってしまったんだ」――イリイチは驚きを込めてこう言った。

以来イリイチは、自分にも呪術的才能があるのかもしれないと考えはじめた。オカルト書による学びなどを経て、今では彼は写真さえあれば、その人物のだいたいの居場所や生死を言い当てることが

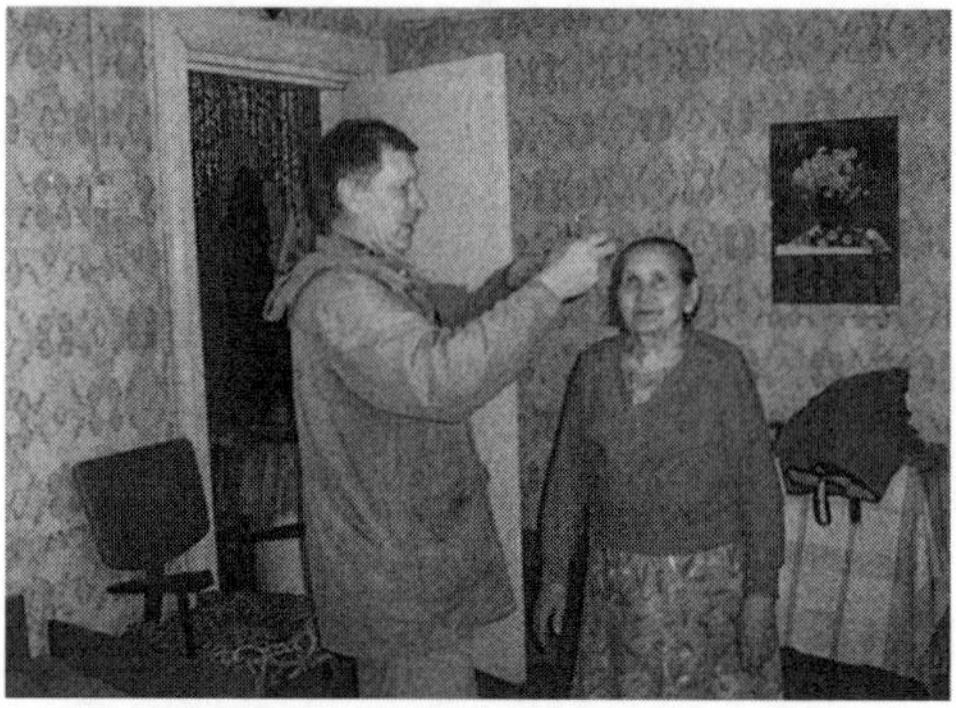

インタヴューに応じてくれたお礼に，インフォーマントに呪《のろ》いや邪視がないかを測定するイリイチ。手にもっている手作りのダウンジングロッド（ボールペンの筒にＬ字型の針金の一辺を差しこんだもの）の動きでわかるという。

できるという。また人のバイオフィールドを測定すること、それにより呪いや邪視のあるなしを言い当てること、さらに一部の呪いを除去することまでできるという。

以上がイリイチに起こった出来事だが、ここで注目したいのは、非常事態において彼が用いた手段が、フィールド調査で得た情報だったことである。兄に何が起こったのかを知るために使った「聖母の夢」は、みずから採集したものである。また遺体探しのためにおこなったダウンジングは、その前年にアルハンゲリスク州でフィールド調査をおこなった際に、ある超能力者が私たちにやって見せてくれた方法であった。

現在、イリイチにとってフィールドワークは学術調査であると同時に、実践的な学びの場ともなっている。彼は様々な呪術師・超能力者のところへ行くたびに、その技に心底感心し、お礼に他の呪術師を調査した際に知った技や、自らが読んで知っている民族誌資料について語る。自らの能力に気づいた後には、しばしばそれを用いて相手を助けようともしている。これらの情報・実践は、インフォーマントにとっても非常に面白い情報であり、時に彼らの実践に取り入れられる。こうしてイリイチと近隣の呪術師との間には、調査者対被調査者ではなく、互酬的な友人関係が出来あがっていくことになった。

イリイチは民族学者で、かつ呪術師・超能力者たちの友人であるがゆえに、どこにどんな呪術師がいるかを熟知している。そのため彼は、「この問題ならこの人のところへ行くように」というアドバイスを誰よりも適切にできる人物として、人びとの噂にのぼるようになった。今では彼のところには、友人知人のみならず、噂を聞きつけて見知らぬ人までが相談に訪れる。ナターシャも、そういう目的でイリイチに接触してきた人物のひとりである。次節では、「渇きの呪術」を解除できる呪術師を見つけるために、イリイチに助けを求めてやってきた人びとをとりあげたい。

## 4　民族学者への悩み相談――「渇きの呪術」をめぐって

すでに何度か登場している「渇きの呪術」は、愛の呪術であると同時に、重い病気や死を招く恐ろしい呪術である。愛するように仕向けられた相手を渇望し、そばにいられなければ干上がるように衰弱していく、あるいは日に日にやせ細り、干上がるように生命力を失っていくとされる。

イリイチによると「渇きの呪術」をかける方法はいくつもあるが、最も強い効力を発するのは以下の三つの方法である。第一の方法は、女性のみがおこなうことのできる方法で、自分の月経血を飲み物・食べ物に混ぜ、呪いをかけたいと思う相手に食べさせるというものである。第二の方法は、正教会で蠟燭《ろうそく》を用いておこなうものである。どのロシア正教会でも、入って向かって右手に生者の健康を祈るための燭台、左手に死者の安息を祈るための燭台があり、教会を訪れた者が蠟燭を買って供える習慣がある。「渇きの呪術」は、これをかけたいと思う者を心に浮かべながら、生者のための燭台ではなく死者のための燭台に蠟燭を灯すことで成就する。第三の方法は、墓土を用いておこなうものである。夜中の十二時に墓へ行き、死者に許しを請い、墓土を一摑《つか》み取る。そして呪文を唱えながらそれを風にのせて投げる。この呪《のろ》いをかけられた者は、相手を愛するか、死んで墓に行くかのどちらかになる。第二、第三の方法は男性でも女性でもおこなうことができる。イリイチによると、以上の三つをすべておこなうと、一〇〇パーセント作用する最強の呪いになり、被害者は死に至るほどの強烈な憂いに襲われる。被害者はいくら加害者から去ろうとしても、どうしてもまた舞い戻ってしまう。そして次第に、離れていられる時間が短くなっていく。この呪いを解除できる呪術師はいないという。(2)

以下に示す会話は、三重にかけられた「渇きの呪術」について二〇〇〇年に相談を受けた際に、イリイチが録音したものである。彼は学生にテープ起こしをさせたうえで、資料として私に提供してくれた。(3) 相談に訪れたのは被害者ゲーナ（男性、当時三十四歳）、その姉オーリャ、ゲーナの友人（男）の三人である。ゲーナが最初の妻と二人目の妻の間を長らく行ったり来たりしていることを心配した姉オーリャが、解決を求めて彼を連れ歩いているのである。イリイチのところへ訪れる以前に、数人の呪術師によってすでに、この問題は二人目の妻がかけた三重の「渇きの呪術」によるものであることが語られていた。しかし助けられる者はいなかったため、ゲーナらはどこからかイリイチの噂を聞き、助けを求めてきたのである。

イリイチによると、ゲーナはがっしりしたハンサムな男性だが、呪いのせいで視線がぼんやりしていたという。会話がおこなわれたのは、イリイチの勤務先の研究所の一室においてである。以下の会話には「愛の呪術《プリヴォロート》」という言葉が頻出するが、これは「渇きの呪術」の同義語として使われている。

オーリャ：こういう問題をご存知でしょうか？　いろんな愛の呪術が存在するというのは本当なので

しょうか？　そういうことがおこなわれていて、そういう行為が効いて、誰かの生活をめちゃくちゃにしうるというのは？　私はそのことがすごくお聞きしたくて。
イリイチ：人に愛の呪術をかけることができるかどうか、ですか？
オーリャ：そうです。そんなことが可能なのでしょうか？　それほどに人に愛の呪術をかけることが可能なのでしょうか？
イリイチ：これはごく初歩的な呪術です。非常に強く作用し、ほとんど失敗することなく効きます。可能ですとも。
オーリャ：ゲーナはこういうことを、信じているともいないとも言えませんが、もしかして、そういう形で引き起こされる愛があるかもしれないと思っているようです。それが愛の呪術なのでしょうか？　そういうものがあるのでしょうか？
イリイチ：一般にしばしば、こういうことはすべて、愛の呪術によっておこなわれます。月経血によっておこなわれると説明できます。そう、月経血による愛の呪術です。しかし、これについて語ると長くなるのでやめておきましょう。ガリーナ〔ゲーナらが相談にいった女性超能力者。第三章を参照〕のところで何と言われたのか、話して下さい。
オーリャ：私たちが行くと、ガリーナは診断をおこなってすぐさま言いました。これは愛の呪術だと。その結果、何が起こるかも説明してくれました。そういうわけです。最初、私は信じませんでした。信じようにも信じられませんでした。
イリイチ：ガリーナは何と言いましたか？　何によって乾かされたと？　彼女はすぐにすべてをあげましたか？

オーリャ：血で乾かされたと言いました。
イリイチ：それはひとつめですね。
オーリャ：ええ、そしてもちろん火もです。強く呪われていると。
イリイチ：蠟燭のことは言いませんでしたか？　蠟燭でやられたと？
オーリャ：いいえ。火と言われましたが、わかりません。もしかして蠟燭と言ったのかもしれませんが、覚えていません。
イリイチ：教会の蠟燭は非常に強い「渇きの呪術」です。
オーリャ：それからガリーナはさらに、土でやられていると言いました。ほとんど死んでしまうぐらい強く。彼女はゲーナに言いました。「あんたは断崖絶壁に立っている。片足はもう奈落に落ちている。もしもあんたが自分で何とかしようとしないと、奈落に落ちる、そしたらもうだれもあんたを引き上げることはできない」と。そう言ったんです。
イリイチ：ガリーナはそれが墓土だと言いましたか？
オーリャ：えーと、いいえ、言ってません。彼女はただ……
イリイチ：ただ単に土だと言ったんですか？
オーリャ：そうです。彼女はそれが強い愛の呪術で、それで彼に何が起こるかについて言いました。ゲーナが複数の女性の間を、ずっと行ったり来たりするようになると。そうです。最初にガリーナにそう言われた時、もちろん私は信じませんでした。だから〔ゲーナが二人目の妻にところへ行ってから〕私はほとんど丸一年、これからどうなるのかとただ身構えていました。すると、ガリーナが言ったとおりになったんです。そんな馬鹿げた状態に陥ってしまったんです。ゲーナは喧嘩しつつも、二年ほどは二人めの妻のところに、まあ、だいたいいました。最初の二年はいました。でもそれ以降は二~三カ月おきに、次々に波が来ました。彼は二人めの妻のもとを去り、それからまた彼女に惹かれていきました。そしてまたそこを去りという具合に、結局ガリーナが言ったように、渡り歩くようになってしまったんです。

イリイチ:なるほど。

オーリャ:私たちはもちろん、他の呪術師たちのところにも相談に行きました。そういうことをよく知っている女性たちのところに。私は〔別の場所でなされた診断について〕何も説明しませんでした。詳しく話したりしませんでした。私は彼女らが何と言うか興味があったので。するとみんな口をそろえて、まったく同じことを言ったんです。ゲーナに何が起こっているのか、何で乾かされたのかについて。みんな同じことを言ったんです。

イリイチ:だいたい同じことをですね。

オーリャ:そう、だいたい同じことを。というより、何を使ってどうしたのか、そっくりそのままのことを言うんです。

この後、原因についてさらに話題が展開する。イリイチの促しによって、まだ知り合ったばかりの頃、ゲーナが二人目の妻となる女性の母親のところで、物を食べたことが想起される。そこでイリイチは、食べ物を使ってどのように呪いをかけることが可能なのかを述べる。さらにイリイチの促しにより、妻の母親がカリーニン〔ロシア中西部の街トヴェーリの旧名〕出身のカレリア人であることが想起される。イリイチは、カリーニンのカレリア人なら、ほとんど誰でも呪いのやり方を知っていると述べる。これにより、呪いについてのオーリャの確信はさらに深められるが、この部分は省略する。次に話題は解決方法に移る。

イリイチ：私にはあなた方を助けることはできません。「聖母の夢」を唱えてから、その紙を枕の下に置き、「私を助けることのできる人か聖人を教えてください」と祈願するしかないでしょう。もし何も夢を見なければ、この状況から抜けだすのは不可能だということです。

オーリャ：助けられる人を探さなければならないということは、わかっています。あるいは、あなたならそういう人を見つけてくれるかもしれないかと。しかしばあさん〔呪術師〕たちはみんな同じことを言います。まず彼自身がその気にならないといけないと。自分自身で戦わなければならないと。これはとても強い呪いだと言われました。最後に行ったガリーナには、ほとんど死の呪いだ、文字どおり死の呪いだと言われました。でもゲーナは信じたがらないんです。信じているようで、信じていないというか。

イリイチ：ゲーナ、今晩、眠る時にですね、新鮮な卵を用意してください。卵を枕の下に入れて、つまり頭の下に入れて寝てください。そうやって寝ないといけません。そうすると卵があなたから確実に、インフォメーションを吸いこみます。朝、卵を割ってください。ケーキを作る時みたいにそっと割って、黄身と白身を分けてください。もし黄身がつぶれたら、そう、呪いは確かにあると言えます。試してみてください。

オーリャ：もし卵が割れてしまったら？

イリイチ：そうですね、もし孔があいたりしていたら、あなたは正常な状態ではないということです。

正常な状態から大きくはずれています。他の呪いもあることになります。試してみてください。

オーリャ：卵はもう試しました。ナターリヤ〔女呪術師〕が卵に呪文を唱えてくれました。彼女は、一晩その卵を水の中に入れておくよう言いました。卵で浄化できるなんて、私は知りませんでした。私がいくら卵を置いても、朝起きて見ると、みんなゆで卵みたいになっていました。あとから彼女は、〔呪われていないならば〕卵はきれいなままのはずだと言いました

イリイチ：そうです、卵には浄化の力があります。

オーリャ：卵はみんな、濁った黒っぽい色になりました。

イリイチ：ゲーナ、帰って試してください。実験だと思って。台所のどこかにひとつ、自分の傍にひとつ置いて下さい。そして比べてください。私はこういうことを知っています。死者が出た時、遺体が腐らないように耳のところに卵を置きます。もし遺体が二日間、家に置かれていたら、この卵が黒ずんでいくのがわかります。割らなくても透けて見えます。〔遺体から〕インフォメーションを吸いとることで、インフォメーションが移ることで、卵が死ぬのです。インフォメーションが書きこまれ、卵は黒くなるのです。一方、冷蔵庫やテーブルの上に同じように二日間置かれていた卵には、何も起きません。普通です。食べることができます。でも遺体のところに置いた卵は、食べてはいけません。試してください。あなたを説得するのは難しいので。こういうことすべてを信じることは嫌なものですね？　そうでしょう。私は学者です。私もかつてオクチャブリャータ〔七～九歳の子供向けの共産主義組織〕や青年共産主義同盟《コムソモール》の一員でした。無神論的な内容の本を読むのが好きでした。しかしのちに民族学的資料を集めるようになり、一つ、二つ、三つと私は自分で〔呪術を〕やってみようと、人びとを助けようとしました。するとうまくいきました。つまり最も単純な呪術をおこなうことは可

能です。人をプログラムすることができるのです。あなたはある方法によって、プログラムされてしまっているのです。

以上がイリイチと相談者の間でなされた会話の主要部分である。この会話から、相談者が何を求めてイリイチを訪れたのか、イリイチが何を彼らに与えたのかを確認したい。

三人組の相談者のうち、話のイニシアチヴをとっているのは、被害者ゲーナの姉オーリャである。最初に繰りかえし質問していることからわかるように、彼女が最も知りたかったことは、愛の呪術というのは本当に人間に対して影響を及ぼすことができるのかどうか、ということであった。このことについて、彼女は学者であるイリイチに真偽のほどを確かめたかったのである。イリイチはこれに対して、呪いは「リアリティ」をもつことを告げている。オーリャの話しぶりからわかるように、呪術など信じていなかった彼女が信じはじめたのは、呪術師の言うとおりに事態が悪化していったことに加え、どの呪術師も原因について同じ診断を下したことがある。イリイチがこれらの呪術師の診断を肯定したこと、すなわちここでさらなる知識の一致が生じたこと、しかもそれが学者によってなされたものであることにより、オーリャの確信は深まったとみることができる。

もうひとつ、オーリャがこの件で問題視しているのは、ゲーナが呪術の「リアリティ」をあまり信じていないことである。彼自身が本気で対処しなければ死にいたる可能性があり、そのためにはまず、呪いの「リアリティ」を信じる必要がある。オーリャがゲーナを連れてきたのは、自らが呪いの「リアリティ」について確信を得るためであると同時に、学者であるイリイチの言葉によって、ゲーナにそれを信じさせるためである。イリイチはゲーナに卵を使った実験を勧めている。イリイチは呪術を信じるためには、説明を聞くよりもまず体験が必要であることを知っているからである。

イリイチはこの件に関しては、適切な呪術師や超能力者を紹介することはできなかった。しかし彼は、相談者がこれまで得てきた情報の保証人とでもいうべき役割を果たしているといえよう。呪術を信じる学者であるがゆえに、呪術の「リアリティ」を「学術」的見地から語ることができるのである。

## 5 オカルト化する学術研究――シャーマニズム研究者らの語りから

研究者自身がその対象を信じているという現象は、他の民族の信仰を研究する者のあいだでも生じている。いくつか実例をあげてみたい。

まず一人めは、ロシアの呪術に加えて、シベリアのシャーマニズムなど、様々な民族の療法を研究する女性研究者V・ハリトーノヴァ（二〇〇九年現在、五十歳代か）である。彼女はもともと、モスクワの全ロシア伝統民間医療研究センター（ENIOM）で働いていた。このセンターの業務は、簡単にいえば、超能力者の発掘・養成、超能力についての研究、および超能力による治療サービスの提供である。(4) ハリトーノヴァはここで超能力を人文学的見地から研究するセクションの主任として働き、各種民間医療を「科学」的見地からの記述する仕事に携わっていた。第三章で引用した呪文のメカニズムについての言葉も、ハリトーノヴァによるものである。もう一度引用しておこう。

言葉の発声は、振動が基礎となっています。〈全宇宙〉は波動をもつ超小型素子――量子レベルにおいて――から成り、振動しています。そのため、しかるべき「呪術的な」言葉を正しく唱えることが、非常に重要になるのです。もしも言葉が必要な周波数と合致すれば、人と宇宙の不思議な相互作用が始まります。我々はそれを、患者の肉体の再編成というかたちで観察することができます。昔の呪術師たちは量子のメカニズムにもとづく説明はしなかったにせよ、このことをよく知っていたのです。〔〈 〉内は大文字〕 [Kharitonova 1994 : 22]

呪術を「科学」的に記述するというオカルティックな「業績」が認められたようで、ハリトーノヴァは一九九八年にロシア最大の民族学研究拠点のひとつ、モスクワの民族学人類学研究所にポストを得た。そして二〇〇〇年には、民間医療についてのオカルティックな論文によって、歴史学博士号を取得した。ただし学位授与は、一部ではスキャンダルとして語られているようである。現在では彼女は、右の研究所の医療人類学セクションの主任になっており、研究と実践とのインターディシプリンを掲げ、ますますオカルティックな研究に励んでいる⑤。

次に、シャーマニズム研究者であり、ロシア科学アカデミー・シベリア支部の研究所所長でもある男性研究者（七十二歳、サハ人）を紹介したい。二〇〇九年秋、この所長は東北大学で文化人類学者と宗教学者を前にして、シベリア諸民族のシャーマニズムについて研究講演をおこなった。しかしその内容は驚くべきものだった。前置きとして彼は、ソ連時代には研究者はまず何よりも、無神論の立場からシャーマニズムを批判し、シャーマニズムが社会に及ぼす悪影響について述べることを求められたことを述べた。そのうえで、シャーマニズムについての現在の自らの考えを語った。講演後の質疑応答も含めて、所長のシャーマニズム観を要約すると、以下のようになる。

シャーマニズムというシベリア諸民族の伝統は、超心理学的な用語で説明することができる。初期の人類は超能力をもっており、誰もがテレパシー、透視、テレポーテーション、過去や未来への移動、パラレルワールド間の行き来などをおこなうことができた。シャーマンというのは、文明化とともに多くの人びとが失ってしまった、このような能力を保持しつづけた者である。またシャーマンは病気治しをおこなうが、これはシャーマンには人間のＤＮＡの欠陥を治す能力があるからである――こう語ったのである。

東北大での講演の後、所長は京都を訪れ、総合地球環境学研究所の気象学者たちとも交流の機会をもった。そこでは彼は、「あなた方は気象学者だそうですが、天候を操ることができますか？」という質問を繰りかえし、「人間は思念によって天候を操ることができる、シャーマンとはそういう能力をもった人間である」と強く主張した。これに対して日本人の気象学者は、科学者としてごく常識的な反論をした。「私は、二酸化炭素などの排出によって人間が気候に影響を与えてしまうことはあると思いますが、人間の思念が気候に影響を与えるとは思いません」しかし、これを聞いた所長は大いに驚き呆れて言った。「まさか日本に来て、ソ連の無神論者以上の無神論者に出会うとは思わなかったよ！」

以上、イリイチに加えてふたりの研究者を紹介したが、ここからわかるのは、シャーマニズムや呪術などの「リアリティ」を信じる立場こそが、イデオロギー的抑圧から解放されている立場であり、より客観的でまともである――こういう考えが、一部の研究者のあいだに確信的に共有されているということである。所長は、まさか日本でソ連の無神論者以上の無神論者に出会うとは思わなかったと言っているが、私たち日本人研究者が宗教的な現象を研究する際に通常とる方法、すなわち信じうるか否かという問題を抜きにして客観的に対象を観察しようとする態度は、ソ連時代を生きた所長にとって、まさに無神論的なもの、社会主義イデオロギー的偏向と感じられるのである。

もちろん、このようなオカルティックな研究姿勢に対しては、一定の批判がある。しかし現代ロシアにおいては、ソビエト政権による宗教迫害は悪であったという認識が一般的であるため、研究の場であっても、宗教現象を信じることに対する強い批判はしにくい。仮にそれを批判したとしても、いまだに無神論イデオロギーにしばられているとして、聞き流されてしまう。こうした事情により、一部の学術研究者からも、呪術の「科学」性についての情報が発信されているのである。

## 6　本書『呪われたナターシャ』の効用

本章では、呪術を信じるか否かにかかわらず、呪術研究が実践の文脈に取りこまれてしまうことを示したが、これは私の身の上にもつねに起こっていることである。例えば、「呪術師のところへ行って調査してきた」とロシアで友人・知人に話すたびに、「で、その人は本物なの？」と尋ねられ、返答に窮する。何か問題をかかえている人は、私が調査をとおして多くの呪術師を知っていることを知るや否や、自分の悩みを語りはじめる。そして、「ねえ、誰がいちばん効きそうだと思う？　誰のところへ行ったらいいか教えてちょうだい」と頼まれることになる。役に立つ呪文をちょっと教えてくれないかと言われることも少なくない。また、呪術をおこなう者にインタヴューをしようとすれば、「呪術を悪いことに使うんじゃないでしょうね？」と念を押され、司祭からは「あなたはいつか、悪魔に憑かれて気が狂うだろう」と言われる。学術目的で呪術を調査するということは、なかなか理解されにくいのである。

また、そもそも調査においては、「呪術など信じません」と正直に言ってしまえば、会話自体が成立しない。そのため、信じているふりをする、あるいは私にはまだよくわからないが、それについてとても知りたいと思っている、という態度をとらざるをえない。このことに関しては、私は時々、協力者に対して嘘をついているようで、非常に申し訳ない気持ちになる。しかし現地の人びとの世界観を尊重し、現地の人びとのようにふるまうことによって現地社会に入りこむ、という人類学の方法論において、この行為はきわめて普通のことであろう。ただし、ロシア呪術研究の文脈においては、ひとつ特殊な事情がある。それはロシアにおいて、呪術の「リアリティ」は社会全体に当たり前に共有されているものではなく、ソ連時代に幅をきかせた無神論とのせめぎあいの中にあるということである。そのため、はるばる遠い国からやってきて、身を乗りだして呪術の話を聞き、記録するという私のフィールド実践は、現地にとってニュートラルなものではありえない。外国人である私が調査をおこなうという行為そのものが、呪術の「リアリティ」に大いに同意していることを意味してしまう。そして私自身が、呪術を増大させる社会的プロセスの一部となってしまうのである。

ロシアの呪術師・超能力者からは時折私に、「お前の本はまだ出ないのか?」という問い合わせがくる。ここからわかるのは、日本語で書かれた本書『呪われたナターシャ』もまた、現地の実践の文脈に取りこまれていく運命にあるということである。もちろん、彼らは日本語が読めるわけではない。しかし私は調査協力への感謝をこめて、一部のインフォーマントの期待どおり、写真入りでその実践を紹介した。彼らはきっと、自分が「本物」の呪術師であることを示すために、本書を利用するだろう。私の本により、彼らは「日本の研究書に写真入りで紹介された呪術師」という新たな権威を獲得するのである。

# 終章　時空を超えて循環する知識

本書はナターシャというひとりの女性の語りを出発点とした民族誌である。呪術など信じていなかった人が呪術を信じるようになるプロセス、およびそれにかかわる社会的背景を描こうとするものであった。その議論を総括したい。

## 呪術の「体験」

呪術など「迷信」であり、信じるに値しないという考えは、無神論プロパガンダの影響で強くロシアの人びとのあいだに浸透している。このような認識を変化させるために必須となるのが、呪術の「経験」である。「体験しなかったら、こんなもの信じなかったわよ」というのが、呪術を信じはじめるきっかけについての典型的な語り口である。呪術など存在しないという「常識」を覆すような「体験」が必要とされるのである。

この「体験」とは、命に関わる病気、アルコール中毒、配偶者の浮気による家庭崩壊の危機など、通常の方法では解決できないような問題の「解決」である。絶体絶命の状況では、呪術を信じていなくても、万が一うまくいけば儲けものというような感覚で、呪術が試される動機が生まれる。その後、偶然に状況が改善した場合、呪術をおこなったという事実と事態が良くなったという事実が、因果関係として結びつけられうる契機が生じるのである。

現地の民族学者たちの話によると、現代ロシアで最も活発に呪文の教え合いがおこなわれている場所は、病院である。なかでも子どもの病気に際しては、親は必死になる。ある母親は、「自分が病気になっても、呪術なんか試そうとは思わないけれど、子どもが病気になったら呪術でも何でもやる」と語った。ナターシャの語りでもまた、子どもの病気が重要なプロットとなっている。

さて、奇跡的な「体験」をしても、多くの場合、人びとは呪術の効力に半信半疑である。単なる偶然にすぎないということもできるからである。呪術の「リアリティ」を確信するためには、「体験」を補強するものが必要となる。そのひとつは、呪術「体験」の繰り返しである。例えばナターシャは、呪術など信じていなかった、呪術による解決など心の中で笑っていたと語っている。しかし、「危機的状況→呪術実践→偶然の解決」という一連の出来事が何度も繰りかえされることによって、彼女の中で呪術の効果への信がめばえ、徐々に深まっていった。さらに危機や不幸が度重なること自体も、呪術への信念を強化する方向に働きうる。不幸が重なるほど、それが異常な事態である、すなわち呪《のろ》いによるものであるという説明が説得力をもちやすくなるからである。このように、不幸な出来事と「解決」の繰り返しが、呪術のコスモロジーへと人々を導くのである。

## 合理化される非合理的信念

現代ロシア社会の一部に流布している各種の言説は、こうした「体験」を支持する。効かないなら呪術知識が残るはずがない、効くからこそ伝えられたのだという言説を紹介したが、この論理に従えば、ソ連時代の迫害を経ていまだに呪術師が存続していること、マスメディアに呪術知識が多数流れていること、呪術に関する多数の学術資料が採集されていることなどが、呪術の「リアリティ」の証明となる。また、呪術には「科学」的根拠があるという言説も紹介した。疑似科学的な用語による呪術のメカニズムの説明は一定の説得力をもっており、かつての無神論者をもときに論破する力をもっている。

呪術「体験」の「リアリティ」が支持されるにあたっては、ポスト社会主義という時代性も深く関わっている。ロシアでは、教育、医療、農業などにおける近代化は、科学を標榜した無神論の名の下に推し進められた。それが崩壊したことにより、ソ連時代の近代化のあり方への疑問や科学概念へのゆらぎが生じ、結果としてふたたび呪術が入りこむ余地が生じているのである。

ポスト社会主義という時代性との関連では、正教のめざましい復興の影響も見逃せない。ロシアの呪術はアンビバレントな性格をもっており、神の助けによって成就するとされることもあれば、悪魔の力によって成就するといわれることもある。そのため、教会復興によって神の威光が増しても、教会が悪魔を非難しても、呪術の「リアリティ」が保証されることになるのである。

## 循環する知識

以上のように、現代ロシアにおける社会的要因や、それにのっとった諸言説が、呪術「体験」を正当化している。ではこれらの言説はどのように流布しているのだろうか？　呪術が一般に「迷信」とされる現代において、地縁共同体単位での呪術への同意は生まれえない。しかし呪術は、その「リア

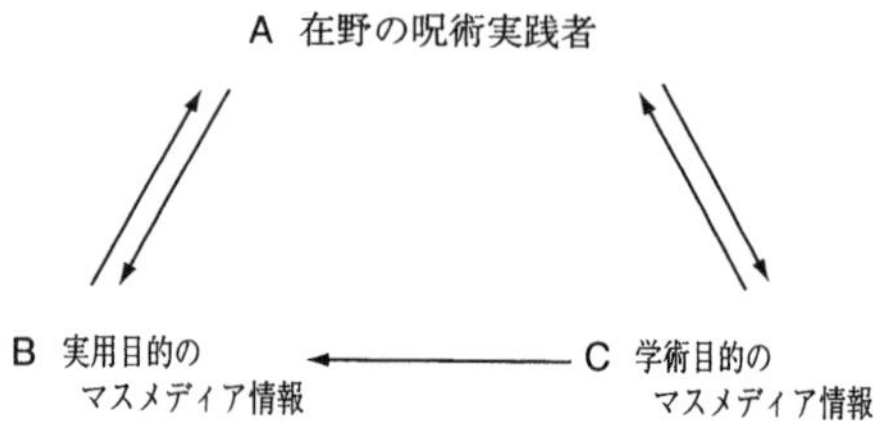


呪術に関する情報の流れ

リティ」に同意する共同体抜きには存続しえない。以下では、かつての地縁共同体に代わって誕生したゆるやかなネットワークを描きだして、本書の締めくくりとしたい。

現代ロシアで呪術の語りを発信しているのは、大きく分けて以下の三者である。すなわち、Aロシア各地の在野の呪術実践者（呪術師・超能力者やそのクライアント、実用呪術書の読者など）、B実用目的のマスメディア情報（実用呪術書、新聞、テレビ、インターネットなど）、C学術目的のマスメディア情報（民族学・口頭伝承研究者が採集出版した資料集および論文）。呪術に関する情報はこの三者の間で循環し、一種のネットワークを形成している（上記図を参照）。各要素間の関係をみてみよう。

まず、A在野の呪術実践者とB実用マスメディア情報の間では、情報は双方向的に流れている。在野の実践者はしばしばマスメディア情報を参照して実践をおこなうため、B→Aという流れがある。と同時に、在野の実践者は問題解決の相談のために、自らの呪術的体験談を実用マスメディアの担い手に投書するので、逆方向の流れもある。それに対する答えがふたたびメディアに載り、その情報を受けとった在野の実践者がその効用を語るので、A⇔Bという形で情報が循環している。

A在野の呪術実践者とC学術情報の間でも、情報は双方向的に流れている。在野の実践者は学術情報を実用文脈に読み替えて利用するので、C→Aという流れがある。と同時に、学術研究者はフィールド調査によって自らの学術書を記すため、逆方向の流れも存在する。学術的な方法で採集された資料は別の実践者に読まれて利用され、その実践の有様もふたたび学術研究者に記述されうるので、ここでもA⇕Cというかたちで情報が循環している。

B実用マスメディア情報とC学術情報に関しては、情報の流れは一方的になる傾向がある。実用マスメディアは学術情報を実用の文脈に読み替えて利用するので、C→Bという流れはある。しかし学術研究者は伝統的でない（ゆえに「本物」でない）という理由で実用マスメディアを無視する傾向が強いので、この逆の流れは基本的にない。

以上のように一部で一方向的ではあるが、全体として、A、B、C三者間で呪術情報は循環しているといってよいだろう。この循環にはマスメディアが含まれるため、空間を超えたものとなっている。また、革命前から研究を積み重ねてきた民族学者らの著作も含まれているため、時間も超えている。時空を超えたこの循環系からは、その気になれば、あらゆる時代のあらゆる地域の呪術情報を引き出すことができるのである。

このように情報が循環していることもまた、呪術の「リアリティ」の構築に大きな役割を果たしている。これを考えるにあたっては、民族学者イリイチに呪術に関する相談に訪れたオーリャのケース（前章4節を参照）が示唆的である。オーリャは、愛の呪術に「リアリティ」があるのかどうか確証を得るためにイリイチを訪れた。その際オーリャは弟ゲーナにかけられた呪い《のろ》の原因に関して、呪術師たちが皆まったく同じことを言ったことを、驚きをもって語っている。彼女が呪術の「リアリティ」を信じはじめるうえで、この事実が重要なポイントとなっている。オーリャが見聞きした意見の一致は、もちろん、この地域でみられる呪術が伝統的に一定の共通性をもっていることにもよるだろう。しかし、彼女が頼った呪術師たちが皆、右記の循環系に取りこまれており、その中で情報が同質化していることも一因ではないかと私は考えている。その中では互いに引用がおこなわれているため、どの端末からも同じ情報が引き出されるのは、当然といえば当然のことである。呪術師の見立てに対するイリイチの同意も、オーリャの信念をさらに深めるのに貢献しているが、実践者へのインタヴューでデータ収集したうえで分析をおこなうという民族学研究の方法論上、この一致も必然的なものである。しかし、困難な状況に陥ったことをきっかけとして呪術情報ネットワークに接触しはじめる者は、循環によって情報が同質化していることには気づかない。結果として、あちこちに相談すれば相談するほど、あるいはマスメディアで情報を参照すればするほど、これまでに与えられた情報の正当性を保証する者が増え、呪術の「リアリティ」への確信が深められていくことになるのである。

本書では呪術に傾倒している人びとを多数描いたが、念のために繰りかえしておくと、ロシア人が皆、呪術を信じているわけではない。呪術など「迷信」であると考える人が多数派であり、アンケートで「呪術を信じる」と回答する人は七パーセントにすぎない。しかし本書で示したように、ロシア社会には随所に、呪術の「リアリティ」を保障する言説が埋めこまれている。今日、「呪術など信じない」と言っている人でも、未来においても同じかどうかはわからない。ひとたび解決しがたい不幸に見舞われれば、呪術のコスモロジーに絡めとられてしまう可能性は、十分にひらけているのである。

# 注

## 序章

（1）二〇〇九年一月一五日付『*Novye izvestiia*』紙。http://www.newizv.ru/lenta/104224/（二〇〇九年六月参照）

（2）二重信仰について、詳しくは栗原［一九九六］、ゴルビンスキー［Golubinskii 1997 (1901-1904): I-II, 829-857］などを参照のこと。

（3）koldun/ koldun'ia

（4）vedun/ ved'ma

（5）znakhar'/ znakharka

（6）zagovorshchik/ zagovorshchitsa

（7）sheptun/ sheptun'ia

（8）chernoknizhnik/ chernoknizhnitsa

（9）kudesnik/ kudesnitsa

（10）charodei/ charodeika

（11）volshebnik/ volshebnitsa

（12）ded; dedushka/ babka; baba; babushka

（13）tselitel'/ tselitel'nitsa

（14）本書で参照したのは、一八八五年に出版された第三版［Sakharov 1885］。

（15）『ソ連邦の産業七〇年史』［NKhSSSR70 1987：6］から算出した。
（16）詳しくは、ウォーターズ［一九九四（1992）：一六七―二〇七］を参照のこと。
（17）ロシア連邦における数値。
（18）ソ連のヨーロッパ部における数値。
（19）ソ連全土における数値。
（20）ソビエト政権下において口頭伝承がどうあるべきかという議論について、詳しくは資料集［FRDSP 1994］も参照のこと。
（21）ソ連の祝祭研究をおこなっている阪本［一九九九：六二、二〇〇九：二九］を参照した。
（22）詳しくは、クリャウス［Kliaus 1999；2000b］を参照のこと。
（23）例えばクリャウス［Kliaus 1999：54］における「偽フォークロア書」批判を参照のこと。
（24）現代の魔女について、アドラー［二〇〇三（1979）］、鏡［一九九二］、ラッセル［一九八七（1980）：二二一―二六〇］などを参照した。

## 第一章

（1）本節はコチクルキナ［Kochkurkina 2004：161］、カレリアにおける正教史の集成［OE 2001：4］およびカレリア共和国公式サイトを参照した。〈http://www.gov.karelia.ru/gov/Info/common_dates.html〉（二〇一〇年一月参照）
（2）カレリアの自然に関しては、［Kareliia 2002：8］、［RKTK 1997：135］およびカレリア共和国公式サイトを参照した。
〈http://www.gov.karelia.ru/gov/Different/karelia.html〉（二〇〇七年一月参照）
（3）カレリア共和国公式サイト。〈http://www.gov.karelia.ru/gov/Different/karelia3.html〉（二〇〇七年一

月参照）

（4）カレリア共和国公式サイト。〈http://gov.karelia.ru/gov/Different/karelia. html〉（二〇〇七年一月参照）

（5）経済状況に関しては、大島・小川［二〇〇〇］、溝端［一九九八］、栖原［二〇〇二］、上垣［二〇〇二］、水田［一九九八］を参照した。

（6）集団農場《コルホーズ》の出張でシベリアまで家畜を追ったとのことだが、この話の詳細は不明。

（7）一九一〇年、第一次世界大戦を前にコペンハーゲンで開かれた第二回国際社会主義婦人会議で、クララ・ツェトキンらが女性の統一行動日として提案したもの。ロシアではこの日は妻、母、同僚など、身近な女性に花やカードなどを贈り、盛大に祝う。

（8）各種ハジャーインたちに関しては、マクシーモフ［Maksimov 1903］などに詳しい。

（9）ナイロンのような素材の薄くて硬めのリボン。

（10）カレリア共和国公式サイト。〈http://www.gov.karelia.ru/Karelia/510/t/510_14.html〉（二〇〇九年四月参照）

## 第三章

（1）歯がなければ、呪文を唱えても効かないとされる。詳しくは第二章を参照のこと。

（2）このスクールのサイトは以下のとおり。〈http://www.podgorny-school.ru/〉（二〇一〇年一月参照）

（3）ロシア統計年鑑［RSE 2008：32］を参照した。

（4）この箇所は意味不明。

（5）これは正教に関する新聞のサイトでも参照することができる。〈http://www.cofe.ru/blagovest/article.asp?heading=35&article=9654〉（二〇一〇年一月参照）

（6）無接触マッサージとは、手から発せられるとされるバイオエネルギーによる治療法。ソ連共産党のトップ、L・ブレジネフのおかかえ超能力者であったとされるジュナ・ダヴィタシヴィリのメソッドとして有名。無接触マッサージについて詳しくは以下を参照のこと。〈http://ki-moscow.narod.ru/litra/med/dd/dd.htm〉（二〇一〇年一月参照）

（7）神智学における概念で、全宇宙の根底には、ひとつの絶対的で人智を超えた至高の神霊や無限の霊力が存在しており、万物の根源になっているとされる。ブラヴァツキー［一九八七（1889）］および以下を参照した。〈http://ja.wikipedia.org/wiki/%E7%A5%9E%E6%99%BA%E5%AD%A6〉（二〇一〇年一月参照）

（8）この点に関しては、シネリナ［Sinelina 2006：10-19］を参照した。シネリナは宗教会議の決議や聖人伝を参照しつつ、正教会が呪術の「リアリティ」を肯定していることを指摘している。

## 第四章

（1）リポル・クラシック社公式サイトを参照した。〈http://ripol.ru/〉（二〇一〇年一月参照）

（2）ネフスキー・プロスペクト社公式サイトを参照した。〈http://www.nevskiy.ru/index.php〉（二〇一〇年一月参照）

（3）プライム・エヴロズナク社公式サイトを参照した。〈http://p-evro.spb.ru/〉（二〇一〇年一月参照）

（4）二〇〇三年現在。ロシア統計年鑑［RSE 2008：32］を参照した。

（5）ただし、ほんの一部を加筆して題名を変えたものや、複数の著作の内容を切りとって選集に編集しなおしたものがかなり含まれている。

（6）ステパーノヴァの著書は何度も再版や復刊を繰りかえしているため、出典を示す際、出版年度でなく、シリーズの略号と巻数を示すこととする。

（7）本書は一九九六年にモスクワで、『シベリアの治療師の占い』［Stepanova GSTs］の一部として再録出版された。ここでは再録を参照している。

（8）本書は一九九六年にモスクワで『呪文』シリーズ二巻として復刊された。ここは復刊されたものを参照している。

(9) 柩の板が死者を押しつぶすのと同じように、彼も押しつぶされてしまえという意味。

(10) 革命前の呪文を代表するものとして、マイコフ『大ロシアの呪文』[Maikov 1869]、ヴィノグラードフ「呪文、魔除け、救いの祈り他」[Vinogradov 1907-1909] を参照した。

(11) 二〇〇三年七月一八日付『*Rodnaia gazeta*』紙。〈http://www.rodgaz.ru/〉(二〇〇四年参照)

(12) 本段落における統計データは、ロシア国家統計委員会による定期刊行物 [RSE 1994-; RTs 1995-; SPUZhNR 1997-] を参照した。

(13) 「アイ・ボリート!」とは、「ああ、痛い!」の意だが、ロシアの有名な児童文学作家K・チュコフスキーの著作『アいたた先生』[チュコフスキー 一九七七 (1925)] もかけられている。チュコフスキーの「アいたた先生」は、動物たちの病気を治す医者。以下のサイトで新聞『アイ・ボリート!』とその姉妹紙の一部を読むことができる。〈http://www.givitca.ru/〉

(14) ここであげた例は、『アイ・ボリート』一三〇号 (*Ai bolit!*, No. 13 (453), 2004) による。

(15) 二〇〇二年五月二三日付『*NTV-Novosti*』紙。

## 第五章

(1) サブィリン [Zabylin 1990 (1880): ii]、サハロフ [Sakharov 1885: 78] など。

(2) これは私との個人的な会話、および二〇〇六年に国立フォークロアセンターのウェブ・サイトに掲載された以下の彼の論文による。K. K. Loginov, "Sovremennaia liubovnaia magiia v Karelii."〈http://www.astrasong.ru/c/science/article/491/〉(二〇〇八年六月参照)。本論文はロシアの呪術関係の情報を集めた以下のサイトでも参照することができる。〈http://rus-magia.110mb.com/b827.html〉(二〇〇九年参照)

(3) 本資料は以下のアーカイヴズに保存されている。Nauchnyi arkhiv KarNTs RAN, F.1, Op. 1, Kol.

199 - T. II, Ed. khr. 499, L.35-44. Postupil ot Loginova K.K.

（4） ENIOM のサイトを参照した。〈http://www.eniom.ru/articles/frame0.htm〉（二〇〇九年一一月参照）

（5） 経歴については以下のサイトを参照した。〈http://old.iea.ras.ru/staff/kharitonova.html〉（二〇〇九年一一月参照）

# あとがき

本書は、博士学位論文「ポスト社会主義ロシアにおける呪術復興の民族誌」(二〇〇五年、大阪外国語大学)を大幅に加筆訂正したものである。博論審査においては、主指導教官の武藤洋二先生をはじめとして、生田美智子先生、住村欣範先生、千葉泉先生、細谷昌志先生から、多くの有益なコメントをいただいた。そこで指摘されたすべての問題を解決することはできなかったかもしれないが、それはすべて筆者の責任である。

本書の出発点はおそらく、椎名誠氏のエッセーが好きで、旅行に明け暮れた学生時代にある。当時私は、アルバイトでお金をためては未知の世界を求めて放浪の旅に出て、そこで見たものを記録していた。のちに文化人類学者という仕事を知って憧れるようになったが、東北大学の高倉浩樹氏との出会いがなければ、これは単なる憧れのままに終わっていただろう。人類学を基礎から指導し、本書の執筆を励ましつづけてくれた同氏に深く感謝している。

フィールド調査にあたっては、日本学術振興会、東北大学東北アジア研究センター、東北開発事業団から助成をいただいた。調査地では、カレリア学術研究センターの Konstantin Loginov 氏をはじめとして、多くの方々のお世話になった。執筆にあたっては、東北大学の環境社会人類学ゼミ、研究会「奥州乃疾風《おくのかぜ》」、国立民族学博物館での呪術研究会、ポスト社会主義研究会、社会主義的近代化に関する研究会、大阪大学でのポストユートピア研究会などのメンバーから、多くのアドバイスをいただいた。本書の仕上げにあたっては、人文書院の伊藤桃子さんの絶妙なお導きがあった。また私の家族も、本書の完成まで支えつづけてくれた。これらすべての方々に深く感謝したい。

しかし、本書で「悪い知識」を印刷してしまった私は、イリイチのお叱りを受けることになるかもしれない。何しろ、犬と猫の毛を使って、犬と猫のように夫婦を仲たがいさせる呪術は、日本でも間違いなく「効く」のだから。

二〇一〇年　五月

藤原潤子

# 参考文献

統計などの資料は略称を掲げている。
なお（　）内の年号は，原書の初版発行年を示す。


アドラー，マーゴット　二〇〇三（1979）『月神降臨』魔女たちの世紀四，江口之隆訳，国書刊行会。

阿部年晴ほか（編）　二〇〇七『呪術化するモダニティ――現代アフリカの宗教的実践から』風響社。

ヴァリアンテ，ドリーン　一九九五（1978）『魔女の聖典』魔女たちの世紀六，秋端勉訳，国書刊行会。

上垣彰　二〇〇一「対外経済関係」『現代ロシア経済論』七七―一一三頁，岩波書店。

ウォーターズ，エリザベス　一九九四（1992）『美女・悪女・聖母――二〇世紀ロシアの社会史』秋山洋子訳，群像社。

エヴァンズ＝プリチャード　E・E　二〇〇〇（1937）『アザンデ人の世界――妖術・託宣・呪術』向井元子訳，みすず書房。

大島梓・小川和男　二〇〇〇『最新ロシア経済入門』日本評論社。

小田亮　一九八六「災因論と法・占い・モノ語り」『社会人類学年報』一二，一六九―一八四頁。

鏡リュウジ　一九九二『魔女術――都市魔術の誕生』柏書房。

カスタネダ，カルロス　一九七四（1968）『呪術師と私――ドン・ファンの教え』真崎義博訳，二見書房。

栗原成郎　一九九六『ロシア民俗夜話――忘れられた古き神々を求めて』丸善。

コトシーヒン　二〇〇三（1980）『ピョートル前夜のロシア――亡命ロシア外交官コトシーヒンの手記』松木栄三編訳，彩流社。

阪本秀昭　一九九九「ソ連における伝統的祝祭・儀礼の変遷」『ロシア研究』六四：六一―六九。

――　二〇〇九『ロシアの祭り――民衆文化と政治権力』ユーラシア・ブックレット一三六，東洋書店。

白石治朗　一九九七『ロシアの神々と民間信仰――ロシア宗教社会史序説』彩流社。

スカール，ジェフリ，ジョン・カロウ　二〇〇四（2001）『魔女狩り』小泉徹訳，岩波書店。

スターホーク　一九九四（1979）『聖魔女術（スパイラル・ダンス）――大いなる女神宗教の復活』魔女たちの世紀一，鏡リュウジほか訳，国書刊行会。

栖原学　二〇〇一「概観」『現代ロシア経済論』岩波書店，一―二五頁。

タイラー，E・B　一九六二（1873）『原始文化――神話・哲学・宗教・言語・芸能・

風習に関する研究』比屋根安定訳，誠信書房。
タンバイア，S・J　一九九六（1990）『呪術・科学・宗教――人類学における「普遍」と「相対」』多和田祐司訳，思文閣出版。
高倉浩樹　二〇〇八「ポスト社会主義人類学の射程と役割」高倉浩樹・佐々木史郎編『ポスト社会主義人類学の射程』国立民族学博物館，一―二八頁。
チュコフスキー，コルネイ　一九七七（1925）『アいたた先生――チュコおじさんの本2』樹下節訳，理論社。
デ・マルティーノ，エルネスト　一九八八（1948）『呪術的世界――歴史主義的民族学のために』上村忠男訳，平凡社。
バックランド，レイモンド　一九九五（1974）『サクソンの魔女――樹の書』魔女たちの世紀三，楠瀬啓訳，国書刊行会。
浜本満　一九八五「呪術――ある『非－科学』の素描」『理想』六二八：一〇八――二四。
――――　二〇〇一『秩序の方法――ケニア海岸地方の日常生活における儀礼的実践と語り』弘文堂。
――――　二〇〇七「妖術と近代――三つの陥穽と新たな展望」阿部年晴ほか編『呪術化するモダニティ――現代アフリカの宗教的実践から』一一三――五〇頁，風響社。
坂内徳明　一九九二「ロシアにおける民俗学の誕生」『一橋論叢』一〇八（三）：四二五―四四四。
ビーティ，ジョン　一九六八（1964）『社会人類学――異なる文化の論理』蒲生正男・村武精一訳，社会思想社。
廣岡正久　一九九七「二〇世紀のロシア正教会――チーホンからアレクシー二世へ」『スラブ・ユーラシアの変動――その社会・文化的諸相』スラブ研究センター九六年度冬期研究報告会報告集，一二一――四六頁。
ブラヴァツキー，H・P　一九八七（1889）『神智学の鍵』田中恵美子訳，竜王文庫。
フレイザー，ジェームズ　一九五一（1890, 1925）『金枝篇』一，永橋卓介訳，岩波書店。
マリノフスキー，ブロニスラフ　一九九七（1947）『呪術・科学・宗教・神話』宮武公夫・高橋巌根訳，人文書院。
水田明男　一九九八「労働と社会政策」小野堅ほか編『ロシア経済』一四九――六四頁，世界思想社。
溝端佐登史　一九九八「経済政策の変遷」小野堅ほか編『ロシア経済』一〇〇――一六頁，世界思想社。
牟田和男　一九九七「魔女狩りの研究史と現状」上山安敏ほか編『魔女狩りと悪魔学』三一五―三四五頁，人文書院。
モース，マルセル，アンリ・ユベール　一九七三（1902-1903, 1968）「呪術の一般理論の素描」『社会学と人類学Ⅰ』有地亨ほか訳，四七―二一七頁，弘文堂。

—— 一九八三（1906）「若干の宗教現象分析への序論」『供犠』小関藤一郎訳，法政大学出版局。
吉田禎吾　一九九四　「呪術」石川栄吉ほか編『[縮刷版] 文化人類学事典』三五四—三五五頁，弘文堂。
ラッセル　J・B　一九八七（1980）『魔術の歴史』野村美紀子訳，筑摩書房。
レーニン　V・I　一九五三——九六九　『レーニン全集』ソ同盟共産党中央委員会付属マルクス＝エンゲルス＝レーニン研究所編，マルクス＝レーニン主義研究所訳，大月書店。
渡辺恒夫　一九九八　「科学文明の中の生と死」渡辺恒夫・中村雅彦編『オカルト流行の深層社会心理——科学文明の中の生と死』一一一—二二六頁，ナカニシヤ出版。
渡邊欣雄　一九九〇　『民俗知識論の課題——沖縄の知識人類学』凱風社。

60SZ. 1977. B. V. Petrovskii *et al.* ed. *60 let sovetskogo zdravookhraneniia.* M.: Meditsina.
Afanas'ev, A. N. 1970 (1865-1869). *Poeticheskie vozzreniia slavian na prirodu*, t. 1-3. Hague; Paris: Mouton.
———. 1995 (1865-1869). *Poeticheskie vozzreniia slavian na prirodu*, t. 1-3. M.: Sovremennyi pisatel'.
Aksenov, A. 2001. *Universal'naia kniga znakharia XXI veka.* M.: Izd-vo AST.
Aleksandrov, A. (ed.) 1997. *777 zaovorov i zaklinanii russkogo naroda.* M.: Astrolokid.
Anikin, V. P. (ed.) 1998. *Russkie zagovory i zaklinaniia: Materialy fol'klornykh ekspeditsii 1953-1993 gg.* M.: Izd-vo Moskovskogo universiteta.
Baiburin, A. K. 1983. *Zhilishche v obriadakh i predstavleniiakh vostochnykh slavian.* L.: Nauka.
Bednenko, G. 2004. *Rodovaia Magiia: obychai i pravila.* SPb.: Nevskii prospekt.
Beliaev, N. (sviashchennik) and D. Galkin (sviashchennik). 2004. "V pomoshch' pastyriam: Chin otrecheniia ot zaniatii okkul'tizmom." *Chto delat' postradavshemu ot koldunov, "tselitelei" i ekstrasensov*, pp. 86-95. M.: Stavros.
BSE. 1949-1960. B. A. Vvedinskii *et al.* ed. *Bol'shaia sovetskaia entsiklopediia.* M.: Bol'shaia sovetskaia entsiklopediia.
Cherepanova, O. A. 1983. *Mifologicheskaia leksika russkogo Severa.* L.: Izd-vo Leningradskogo universiteta.
Chernetsov, A. V. 2004. "Otkroveniia Natal'i Ivanovny." *Zhivaia starina* 2: 54-56.
Comaroff, J. and G. L. Comaroff. 1999. "Occult Economies and the Violence of Abstraction: Notes from the South African Postcolony." *American Ethnologist* 26: 279-303.

Comaroff, J. and G. L. Comaroff. 2001. "Millennial Capitalism: First Thought on a Second Coming." In Jean Comaroff and John Comaroff ed. *Millennial Capitalism and the Culture of Neoliberalism*, pp. 1-56. North Carolina: Duke University press.

Dal', V. I. 1993 (1904). *Poslovitsy russkogo naroda (Izd. 3)*, t. 1-3. M.: Russkaia kniga.

———. 1994 (1903-1909). *Tolkovyi slovar' zhivogo velikorusskogo iazyka*, t. 1-4. M.: Progress; Univers.

———. 1996 (1845-1846). *O poveriiakh, sueveriiakh i predrassudkakh russkogo naroda.* SPb.: Izd-vo Litera.

Eleonskaia, E. N. 1994. *Skazka, zagovor i koldovstvo v Rossii. Sb. trudov.* M.: Indrik.

Favret-Saada, J. 1980 (1977). *Deadly Words: Witchcraft in the Bocage*, translated by Catherine Cullen. Cambridge: Cambridge University Press.

FRDSP. 1994. *Fol'klor Rossii v dokumentakh sovetskogo perioda 1933-1941 gg.: Sbornik dokumentov.* M.: Tsentr russkogo fol'klora.

Gal'kovskii, N. T. 2000 (1916). *Bor'ba khristianstva s ostatkami iazychestva v drevnei Rusi.* M.: Indrik.

Golubinskii, E. 1997 (1901-1904). *Istoriia russkoi tserkvi*, t. 1, 2. M.: Obshchestvo liubitelei tserkovnoi istorii.

Iaroslavskii, E. 1935. *Proletarskaia revoliutsiia v bor'be s religiei (Protiv religii i tserkvi, t. 3).* M.: Gosudarstvennoe antireligioznoe izdatel'stvo.

Ivanov, A. I. 1900. "Verovaniia krest'ian Orlovskoi gub." *Etnograficheskoe obozrenie* 4: 68-118.

Ivanov, V. V. and V. N. Toporov. 1974. *Issledovaniia v oblasti slavianskikh drevnostei: Leksicheskie i frazeologicheskie voprosy rekonstruktsii tekstov.* M.: Nauka.

Kareliia. 2002. *Kareliia: zagadochnaia krasota Russkogo Severa.* Petrozavodtsk: Petropress.

Kharitonova, V. 1994. *Portrety narodnykh tselitelei Rossii*, vyp. 1, M.: VNITsTNM "ENION".

———. 1995. *Traditsionnaia magiko-meditsinskaia praktika i sovremennoe narodnoe tselitel'stvo: Stat'i i materialy.* M.: Institut etnologii i antropologii im. N. N. Miklukho-Maklaia RAN.

———. 1999. *Zagovorno-zaklinatel'noe iskusstvo vostochnykh slavian: Problemy traditsionnykh interpretatsii i vozmozhnosti sovremennykh issledovanii.* M.: Institut etnologii i antropologii im. N. N. Miklukho-Maklaia RAN.

Kliaus, V. L. 1997. *Ukazatel' siuzhetov i siuzhetnykh situatsii zagovornykh tekstov vostochnykh i iuzhnykh slavian.* M.: Nasledie.

———. 1999. "Publikatsii russkikh zagovorov 1997-1998 gg." *Zhivaia starina* 1 (21):

54-55.

Kliaus, V. L. 2000a. *Siuzhetika zagovornykh tekstov slavian v sravnitel'nom izuchenii: K pastanovke problemy.* M.: IMLI RAN.

———. 2000b. "Novye publikatsii russkikh zagovorov." *Zhivaia starina* 1: 49-50.

Kochkurkina, S. I. 2004. *Narody Karelii: Istoriia i kul'tura.* Petrozavodtsk: Kareliia.

Kotoshikhin, G. K. 2000 (1906). *O Rossii v tsarstvovanie Alekseia Mikhailovicha.* M.: ROSSPEN.

Krashennikov, A. (sviashchennik) 2004. "S Bozh'ei pomoshch'iu." *Chto delat' postradavshemu ot koldunov, "tselitelei" i ekstrasensov,* pp. 61-75. M.: Stavros.

Krasnov, I. 2003. *Nauzy — Slavianskie oberegi.* SPb.: Nevskii prospekt.

Krinichnaia, N. A. 2000-2001. *Russkaia narodnaia mifologicheskaia proza: Istoki i polisemantizm obrazov.* SPb.: Nauka.

Kryvelev, I. 1963. "Mogli li kosmonavty videt' boga?" *Nauka i religiia* 1: 50-53.

Kurets, T. S. 2000. "O sobranii russkikh zagovorov Karelii." In Kurets T. S. ed. *Russkie zagovory Karelii,* pp. 8-26. Petrozavodsk: Izd-vo Petrozavodskogo universiteta.

Kuznetsova, V. P. (ed.) 1997. *Predaniia i bylichki (Pamiatniki russkogo fol'klora Vodlozer'ia).* Petrozavodtsk: Izdatel'stvo Petrozavodskogo universiteta.

Lavrov, A. S. 2000. *Koldovstvo i religiia v Rossii: 1700-1740.* M.: Drevlekhranilishche.

Loginov, K. K. 1993a. *Semeinye obriady i verovaniia russkikh Zaonezh'ia.* Petrozavodsk: Karel'skii nauchnyi tsentr RAN.

———. 1993b. *Material'naia kul'tura i proizvodstvenno-bytovaia magiia russkikh Zaonezh'ia: konets XIX — nachalo XX v.* SPb.: Nauka.

Luhrmann, T. M. 1989. *Persuasions of the Witch's Craft: Ritual Magic and Witchcraft in Present-day England.* Oxford: Basil Blackwell.

Maikov, L. N. 1869. *Velikorusskiia zaklinaniia. Zapiski imperatorskogo russkogo geograficheskogo obshchestva po otdeleniiu etnografii,* t. 2. SPb.

Maksimov, S. V. 1903. *Nechistaia, nevedomaia i krestnaia sila.* SPb.

Mazalova, N. E. 2001. *Sostav chelovecheskii: chelovek v traditsionnykh somaticheskikh predstavleniiakh russkikh.* SPb.: Peterburgskoe vostokovedenie.

Mesharova, E. 2003. *Kak protivostoiat' sglazu i porche: Magiia protiv porchi i sglaza. Retsepty luchshikh tselitelei.* SPb.: Nevskii prospekt.

Miller, F. J. 1990. *Folklore for Stalin: Russian Folklore and Pseudofolklore of the Stalin Era.* Armonk; New York; London: M. E. Sharpe.

Moskalenko, A. T. and A. I. Kvardakov. 1980. "Sekuliarizatsiia soznaniia i byta krest'ianstva v protsesse stroitel'stva sotsializma v Sibiri." *Kul'turnoe razvitie sovetskoi*

*sibirskoi derevni*, pp. 301-318. Novosibirsk : Nauka.

NKhSSSR70. 1987. *Narodnoe khoziaistvo SSSR za 70 let : Iubileinyi statisticheskii* ezhegodnik. M. : Finansy i statistika.

Novichkova, T. A. 1995. *Russkii demonologicheskii slovar'.* SPb. : Peterburgskii pisatel'.

Novombergskii, N. Ia. 1906. *Koldovstvo Moskovskoi Rusi XVII v.* SPb.

NR. 1959- . *Nauka i religiia.* Vsesoiuznoe obshchestvo Znanie. M.

OE. 2001. *Olonetskaia eparkhiia : stranitsy istorii.* Petrozavodsk : Petrozavodskaia i Karel'skaia eparkhiia, Natsional'nyi arkhiv RK.

Pinchuk, L. T. and L. A. Filippov (ed.) 1967. *Kalendar' ateista (Izdanie vtoroe, ispravlennoe i dopolnennoe).* M. : Izdatel'stvo politicheskoi literatury.

Pomerantseva, E. V. 1975. *Mifologicheskie personazhi v russkom fol'klore.* M. : Nauka.

Popov, G. 1903. *Russkaia narodno-bytovaia meditsina.* Po materialam Etnograficheskogo biuro kniazia V. N. Tenisheva. SPb.

Popovkina, G. S. 2008. *Znakhari i znakharstvo u vostochnykh slavian iuga Dal'nego Vostoka Rossii.* Vladivostok : Dal'nauka.

Poznanskii, N. 1995 (1917). *Zagovory : Opyt issledovaniia proiskhozhdeniia i razvitiia zagovornykh formul.* M. : Indrik.

RKTK. 1997. *Respublika Kareliia : Tipograficheskaia karta : masshtab 1 : 200,000.* SPb. : 444 VKF i 439 TsEVKF.

RPTsSV. 1995. G. Shtrikker ed. *Russkaia pravoslavnaia tserkov' v sovetskoe vremia (1917-1991) : Materialy i dokumenty po istorii otnoshenii mezhdu gosudarstvom i Tserkov'iu*, kn. 1, 2. M. : Propilei.

RSE 1994- . *Rossiiskii statisticheskii ezhegodnik : Statisticheskii sbornik.* M. : Goskomstat Rossii.

RSFSR. 1920. A. Arskii *et al.* ed. *R. S. F. S. R. Sovetskii kalendar'.* M. : Gos. izd-vo.

RTs. 1995- . *Rossiia v tsifrakh : kratkii statisticheskii sbornik.* M. : Goskomstat Rossii.

Ryan, W. F. 1999. *The Bathhouse at Midnight : An Historical Survey of Magic and Divination in Russia.* Pennsylvania : The Pennsylvania State University Press.

Sakharov, I. P. 1885. *Skazaniia russkogo naroda sobrannyia I. P. Sakharovym.* SPb.

Samarin, Iu. 1931. "U moskovskikh fol'kloristov : otchet o rabote fol'klornogo kabineta s 1928 po 1931 g. (khronika)." *Sovetskaia etnografiia* 3-4 : 234-239.

SD. 1995- . N. I. Tolstoi *et al.* ed. *Slavianskie drevnosti* (v 5 tomakh). M. : Mezhdunarodnye otnosheniia.

Semenova, A. 2002. *Ochishchenie doma : zashchita ot sglaza, porchi i vsiacheskikh nedugov.* SPb. : Nevskii prospect.

Shantaev, A. (sviashchennik). 2004. "Prizor oches." Chto delat' postradavshemu ot kol-

dunov, "tselitelei" i ekstrasensov, pp. 76-85. M.: Stavros.
Shtrikker, G. 1995. "Russkaia pravoslavnaia tserkov' v Sovetskom gosudarstve: Ocherk istorii otnoshenii mezhdu Tserkov'iu i gosudarstvom." *Russkaia pravoslavnaia tserkov' v sovetskoe vremia (1917-1991): Materialy i dokumenty po istorii otnoshenii mezhdu gosudarstvom i Tserkov'iu*, kn. 1, pp. 29-100. M.: Propilei.
Sinelina, Iu. Iu. 2006. *Izmenenie religioznosti naseleniia Rossii: pravoslavnye i musul'mane. Suevernoe povedenie rossiian.* M.: Nauka.
Smilianskaia, E. B. 2003. *Volshebniki. Bogokhul'niki. Eretiki.* M.: Indrik.
Smirnov, M. I. 1994 (1922). "Koldun." In M. Sterligov ed. *Russkoe koldovstvo, vedovstvo, znakharstvo.* pp. 313-314. SPb.: Litera.
Sokolov, Iu. M. 1931. "Diskussiia o znachenii fol'klora i fol'kloristiki v rekonstruktivnyi period." *Literatura i marksizm* 5-6: 91-123.
Sokolov, Y. 1950 (1938). *Russian Folklore*, translated by C. R. Smith. New York: The Macmillan Company.
Solov'ev, S. M. 1960. *Istoriia Rossii s drevneishikh vremen*, kn. IV (toma 7-8). M.: Izdatel'stvo sotsial'no-ekonomicheskoi literatury.
SPUZhNR. 1997- . *Sotsial'noe polozhenie i uroven' zhizni naseleniia Rossii.* M.: Goskomstat Rossii.
SSSRTs1961 1962. *SSSR v tsifrakh v 1961 godu.* M.: TsSU SSSR.
Steniaev O. (sviashennik) *et al.* 2004. *Chto delat' postradavshemu ot koldunov, "tselitelei" i ekstrasensov.* M.: Stavros.
Stepanova, N. I. 909ZSTs 2003. *909 zagovorov sibirskoi tselitel'nitsy.* M.: Ripol klassik.
———. GSTs 2003. *Gadaniia sibirskoi tselitel'nitsy.*
———. ZO 2003. *Zagovory i oberegi*, t. 1-12. M.: Ripol klassik.
———. ZSTs 1996- . *Zagovory sibirskoi tselitel'nitsy*, t. 1- . M.: Ripol klassik.
Stoglav 1971 (1863). *Stoglav*, introd. by W. F. Ryan. School of Slavonic and East Eruopean Studies University of London. Letchworth, Hertfordshier, UK: Bradda Books LTD.
Tolstoi, N. I. 2003. *Ocherki slavianskogo iazychestva.* M.: Indrik.
Toporkov, A. L. 2005. *Zagovory v russkoi rukopisnoi traditsii XV-XIX vv.* M.: Indrik.
Toren, M. D. 1996. *Russkaia narodnaia meditsina i psikhoterapiia.* SPb.: Litera.
Ushakov, D. 1896. "Materialy po narodnym verovaniiam velikorussov." *Etnograficheskoe obozrenie* 2-3: 146-204.
Vadim (otets). 2003. *Zashchita ot zla pravoslavnymi metodami: Sovety pravoslavnogo sviashchennika.* M.: AST.

Vinogradov, N. 1907-1909. "Zagovory, oberegi, spasitel'nyia molitvy i proch. (vyp. 1-3)." *Zhivaia starina* (1907, vyp. 1, 2, 4 ; 1908, vyp. 1-4 ; 1909, vyp. 4).

Vinogradova, L. N. 1994. "Put' v nauke ot «serebrianogo veka» fol'kloristiki do epokhi «velikikh preobrazovanii»." In E. N. Eleonskaia. *Skazka, zagovor i koldovstvo v Rossii. Sb. trudov.* pp. 7-20. M. : Indrik.

———. 2000. *Narodnaia demonologiia i mifo-ritual'naia traditsiia slavian.* M. : Indrik.

Vlasova. M. N. 1998. *Russkie sueveriia : entsiklopedicheskii slovar'.* SPb. : Azbuka.

Zabylin. M. 1990 (1880). *Russkii narod. Ego obychai, obriady, predaniia, sueveriia, i poeziia.* M. : Kniga printshop.

Zelenin. D. K. 1991 (1927). *Vostochnoslavianskaia etnografiia.* M. : Nauka.

———. 1995 (1916). *Izbrannye trudy. Ocherki russkoi mifologii : umershie neestestvennoi smert'iu i rusalki.* M. : Indrik.

Zernova. A. B. 1932. "Materialy po sel'sko-khoziaistvennoi magii v Dmitrievskom krae." *Sovetskaia etnografiia* 3 : 15-52.

Zguta, Russell 1977. "Witchcraft Trials in Seventeenth-Century Russia." *American Historical Review* 82-5 : 1187-1207.

著者略歴

藤原潤子（ふじわら・じゅんこ）

1972年生まれ、学術博士（2005年、大阪外国語大学）。

現在、神戸市外国語大学ロシア学科准教授、かけはし出版代表。

ロシアをフィールドとして文化人類学的な研究を行いつつ、絵本などの翻訳にもたずさわる。

共著に『水・雪・氷のフォークロア：北の人々の伝承世界』（勉誠出版、2014年）、『世界ぐるぐる怪異紀行：どうして"わからない"ものはこわいの？』（河出書房新社、2024年）など。翻訳に、アントン・ロマーエフ作『パパかいぞくのこもりうた』（成山堂書店、2022年）、コンスタンチン・ザテューポ作『ぼくのとってもふつうのおうち：「ふつう」のくらしをうばわれたなんみんのはなし』（かけはし出版、2023年）など。

https://kakehashi-pub.com/



呪《のろ》われたナターシャ
現代ロシアにおける呪術の民族誌

2010年6月20日　初版第1刷発行
2024年6月20日　初版第2刷発行

著　者　藤原潤子
発行者　渡辺博史
発行所　人文書院
〒612-8447　京都市伏見区竹田西内畑町9
電話075-603-1344　振替01000-8-1103
印刷所　モリモト印刷株式会社




ISBN 978-4-409-53040-5 C3039